Zozan Ayoub
Ghaith Khalil
Ayoob Aziz

Avaliação da eficácia da deteção de espetro de banda estreita em rádio cognitivo

Zozan Ayoub
Ghaith Khalil
Ayoob Aziz

Avaliação da eficácia da deteção de espetro de banda estreita em rádio cognitivo

Uma tese de mestrado

Conteúdo

Resumo

O aumento maciço do número de dispositivos ligados à Internet necessita de mais espetro livre. Assim, a rádio cognitiva foi sugerida para resolver o problema dos recursos limitados do espetro através da exploração do espetro não utilizado que é atribuído aos utilizadores primários. Esta abordagem permite que o utilizador secundário utilize o espetro quando o utilizador principal não o utiliza, sem interferir com o utilizador principal. Quando o utilizador secundário detecta o espetro, sofre de alguns problemas. O primeiro problema é a dificuldade no processo de deteção devido à falta de valor de ruído. Para resolver este problema, é utilizado um limiar adaptativo para detetar o espetro com dois tipos de detectores como o Energy Detetor e o Matched Filter Detetor. O segundo problema é o facto de o utilizador primário ser invisível para todos os utilizadores secundários. Para resolver este problema, são utilizados detectores cooperativos. A abordagem aqui aplicada utiliza três formas: (detectores cooperativos de energia, detectores cooperativos de filtros combinados e detectores combinados de energia e de filtros combinados).

Detectores). Os três critérios utilizados para medir a precisão da deteção são a probabilidade de deteção P_d, a probabilidade de deteção incorrecta P_m e a probabilidade de falso alarme P_f.

MATLAB R2020a) que, o processo de deteção começa com valores de SNR pequenos em comparação com outros trabalhos anteriores. Onde, no caso da Deteção de Energia inicia-se a -17dB, e no caso da Deteção por Filtro Combinado e Cooperativo (para regras OR e AND) inicia-se a -20dB. Para o segundo problema, o valor de Pd obtido neste trabalho é 1 a -10dB.

Introdução

Capítulo 1
Introdução

1.1 Visão geral

Num futuro próximo, as nossas vidas estarão repletas de alertas e avisos que nos informam sobre o ambiente em que vivemos, por exemplo, na casa inteligente, como um frigorífico que envia listas de coisas que estão prestes a terminar ou terminadas e levanta a cortina da janela e liga a televisão. Isto leva à interação entre dispositivos, onde as decisões são tomadas e tratadas sem intervenção humana, o que permite poupar dinheiro, tempo e tornar a vida mais fácil.

De acordo com as expectativas da Cisco-Systems, num futuro próximo, os dispositivos ligados serão mais de (50) mil milhões, incluindo televisores, aparelhos de cozinha, câmaras de vigilância, monitores cardíacos, etc. [1].

Assim, a utilização de tecnologias inteligentes como a rádio cognitiva (CR), baseada na utilização de espetro não utilizado, ajuda a resolver os problemas de colisão excessiva e de contenção desnecessária da rede sem fios devido à implementação de muitos objectos [2], [3].

1.1.1 Rádio Cognitivo (CR)

O CR é uma técnica de comunicação sem fios inteligente, que se apercebe do seu ambiente em todos os casos. Joseph Mitola foi o primeiro a propor a CR. Utiliza o RC para utilizar da melhor forma o espetro disponível e aumentar a produtividade [4]. É constituído por um utilizador secundário (SU) e um utilizador primário (PU) [5]. A exploração do espetro é feita pelos SUs, desde que

Quando a PU precisa do seu canal, a SU deve deixar o canal e saltar para outro canal que não esteja a ser utilizado [6].

O sistema de radiocomunicações é um recurso de espetro finito, regido por entidades governamentais, a Federal Communications Commission (FCC) nos Estados Unidos e a Telecom Regulatory Authority of India (TRAI) na Índia [7].

1.1.2 Buracos do espetro

As bandas espectrais que já estão alocadas para a PU, mas que ela não utiliza, são chamadas de buracos de espetro. Portanto, os SUs usam esses domínios não utilizados, e o canal deve ser deixado quando o uso primário aparecer [8].

1.2 Revisão da literatura

Vários trabalhos estudaram a IoT baseada em CR e discutiram este assunto de diversos pontos de vista.

Em [9], a avaliação analítica do desempenho da rede de rádio cognitiva cooperativa com fusões de dados hard-decision e soft-data é investigada na presença de canais ruidosos e com desvanecimento generalizado. Na regra OR a probabilidade de deteção correspondente à técnica de deteção atinge 100% para um valor de SNR = 6 dB. e na regra AND atinge 95% para um valor de SNR = 16 dB.

Em [10], foi discutida a deteção do sinal DVB-T utilizando a deteção de energia e de valores próprios. Foi apresentado o desempenho de diferentes testes não paramétricos.

Incluindo a deteção de energia, técnicas baseadas em valores próprios e métodos que exploram o conhecimento do sinal OFDM. Os resultados obtidos mostram o desempenho e a hierarquia do algoritmo em termos de ROC e de probabilidade de deteção sob uma taxa fixa de falsos alarmes, para diferentes perfis de canal no caso de um sinal DVB-T verdadeiro. A análise de vários tipos de canais com desvanecimento mostrou que o sinal DVB-T é detectado a uma SNR de -10dB em canais Rayleigh e Gaussianos, utilizando a variância de ruído conhecida.

Em [11], a probabilidade de deteção diminui. A probabilidade de falsos alarmes também afecta a probabilidade de deteção. Se o falso alarme aumentar, a probabilidade de deteção aumenta. Também obtemos o SNR adequado para o detetor de energia. Assim, obtemos quase o resultado final da deteção do espetro para rádio cognitivo com base na deteção de energia, como esperávamos.

Em [12], foi discutida a deteção do sinal DVB-T utilizando a deteção de energia e de valores próprios. Foi apresentado o desempenho de diferentes testes não paramétricos. Incluindo a deteção de energia, técnicas baseadas em valores próprios e métodos que exploram o conhecimento do sinal OFDM. Os resultados obtidos mostram o desempenho e a hierarquia do algoritmo em termos de ROC e de probabilidade de deteção sob uma taxa fixa de falsos alarmes, para diferentes perfis de canal no caso de um sinal DVB-T verdadeiro. A análise de vários tipos de canais com desvanecimento mostrou que o DVB-T está a utilizar a variância de ruído conhecida e que o sinal é detectado a uma SNR de -10dB em canais Rayleigh e Gaussianos.

Em [13], Manobendu Sarker fornece um limiar adaptativo para alterar os parâmetros utilizando a probabilidade de deteção e a probabilidade de falso alarme. A fim de verificar a eficiência do sistema proposto, os limiares são seleccionados com base em diferentes conceitos, como a taxa de falsos alarmes constante, a taxa de deteção constante e a utilização do modelo Berkeley Low SNR to Minimize Spectrum Sensing Error, que mostra os desenvolvimentos promissores. Detectado a um SNR de -15 dB, a Taxa de Deteção Constante dependia da probabilidade de deteção e a Taxa de Falso Alarme Constante dependia da probabilidade de falso alarme.

Em [14], os autores propuseram um esquema de Limiar Adaptativo para a deteção baseada em Filtro Correspondente sobre um canal de Ruído Gaussiano Branco Aditivo para maximizar a Probabilidade de Deteção para uma dada Probabilidade de Falso Alarme em condições ambientais variáveis, implementando Redes Neuronais Artificiais. Observe-se que, à medida que a SNR aumenta, a probabilidade de deteção também aumenta para uma SNR = 30 dB fixa.

Em [15], a deteção cooperativa do espetro tem sido utilizada através da exploração da diversidade multiutilizador para ultrapassar os problemas de desvanecimento do canal, sombreamento e terminais ocultos, o que pode efetivamente melhorar o desempenho da deteção e proteger os utilizadores licenciados de interferências prejudiciais. Os autores investigaram a estratégia de fusão de decisão suave sob uma largura de banda limitada do canal de controlo e propuseram uma regra de fusão suave de dados multibit simples baseada na quantização para a deteção cooperativa do espetro. Nota-se que quando o número de amostras é 120. A SNR = -4 dB torna-se uma probabilidade de deteção de um, quando a probabilidade de falso alarme = 0,05.

Em [16], este artigo propõe uma deteção do espetro baseada na deteção por filtro combinado em redes CR, que apresenta um bom desempenho. São efectuadas simulações para medir o desempenho do filtro casado para detetar utilizadores primários no canal AWGN. Para 25 dB SNR, a probabilidade de deteção é maior. medida que a probabilidade de falsos alarmes aumenta, os limiares são reduzidos. Para uma SNR de 0 dB, o limiar mais baixo é atingido para a probabilidade de falso alarme de 0,1. Se as características do sinal forem conhecidas, o filtro correspondente proporciona uma melhor probabilidade de deteção.

Em [17], os autores utilizaram uma seleção dinâmica do limiar de deteção através da medição da potência do ruído presente no sinal recebido, utilizando uma técnica cega, de modo a melhorar o desempenho da deteção. O modelo proposto foi implementado e testado utilizando o software GNU Radio e unidades USRP. O modelo proposto foi implementado e testado utilizando o software GNU Radio e as unidades USRP. O detectado a uma SNR de -10 dB quando a probabilidade de falso alarme é de 0,01 e o detectado a uma SNR de -14 dB quando a probabilidade de falso alarme é de 0,02. A probabilidade de deteção correspondente à técnica de deteção com um limiar dinâmico atinge 100% para um valor de SNR = -2 dB.

Em [18], os autores utilizaram uma nova técnica de deteção do espetro baseada em elementos de antena múltipla (MAE) e filtragem combinada (MF), designada por MAE/MF, para melhorar a capacidade de deteção. A utilização de múltiplos elementos de antena melhora a relação sinal/ruído (SNR) recebida proporcionalmente ao ganho do conjunto de antenas obtido. O teste do rácio de verosimilhança é utilizado para decidir a presença/ausência do sinal PU. Os resultados da simulação mostraram que a técnica MAE/MF proposta supera o filtro casado baseado num único elemento de antena (SAE/MF) e outras técnicas existentes no estado da arte, especialmente em relações sinal/ruído extremamente baixas e num número limitado de amostras de sinal recebido. A SNR = 6 dB torna-se uma probabilidade de deteção de um.

Em [19], a deteção de espetro baseada na deteção de energia foi proposta com base na estratégia Adaptive Threshold Spectrum Energy Detection (ATSED). O método ATSED proposto melhora a probabilidade de execução da deteção quando se utiliza ruído AWGN. Na avaliação do desempenho da curva ROC, a probabilidade de alerta errado de falso alarme é 0,01, com SNR = -15 dB, está a ser detectado. A probabilidade de um SNR varia de acordo com a probabilidade de falso alarme e vários factores de largura de banda.

1.3 Objectivos da investigação e contributos

Os principais objectivos desta tese são a resolução de dois problemas herdados das técnicas de CR e de deteção do espetro:

1- Dificuldade no processo de deteção devido à falta e à incerteza do valor do ruído. Isto leva a um aumento da probabilidade de falso alarme e da probabilidade de deteção incorrecta.

2- A PU é invisível para todos os SUs (Hidden Node Problem), pelo que não pode ser detectada com precisão. Quando alguns SUs podem declarar que o canal está desocupado por PU enquanto os outros não estão, o que leva a uma diminuição da probabilidade de deteção.

As soluções propostas para estes problemas são:

1- Desenvolvimento de um algoritmo para o nível de limiar adaptativo (AT) para ultrapassar o primeiro problema.

2- Utilização de detectores cooperativos em vez de um único detetor para resolver o segundo problema. O novo algoritmo é proposto utilizando também o nível AT da seguinte forma:

a- Detectores de energia cooperativos.

b- Detectores cooperativos de filtros emparelhados.

c- Detectores de energia combinada e de filtro combinado.

1.4 Linhas gerais da tese:

A tese está organizada na seguinte sequência:

Chapter 2   O capítulo 2 inclui a apresentação dos antecedentes teóricos da rádio cognitiva e da deteção do espetro. Este capítulo também dá uma explicação dos detectores utilizados neste livro (Detetor de energia, Detetor de filtro combinado) e deteção cooperativa do espetro.

Chapter 3   apresenta os trabalhos propostos (desenvolvimento de um algoritmo para o nível de limiar adaptativo (AT), detectores cooperativos de energia, detectores cooperativos de filtros combinados e detectores combinados de energia e de filtros combinados).

Chapter 4   contém uma análise de simulação e os resultados dos trabalhos propostos.

Chapter 5   conclui a tese e apresenta os trabalhos futuros.

Contexto teórico
Capítulo 2
Contexto teórico

2.1 Prefácio

Ao longo do tempo, a indústria do hardware tem vindo a crescer para facilitar a vida humana, o que leva a um aumento do número de dispositivos ligados à Internet. Isto afecta a velocidade de envio e receção de dados e a produtividade devido ao grande número de dispositivos. Assim, deve ser investigada a utilização de objectos CR para tirar partido do espetro não utilizado que já é propriedade da PU e resolver o problema da escassez de espetro.

Este capítulo apresenta um historial da rádio cognitiva, da deteção do espetro e uma explicação dos detectores utilizados nesta tese (Detetor de energia, Detetor de filtro combinado) e da deteção cooperativa do espetro.

2.2 Rádio Cognitivo (CR)

Trata-se de uma tecnologia inteligente que reconhece o que o rodeia em todos os casos. Está a melhorar a utilização do espetro e a reduzir a escassez do mesmo. Isso acontece quando se permite que o SU use o espetro ocioso que não está sendo usado pelo PU [20], como mostra a figura 2.1.

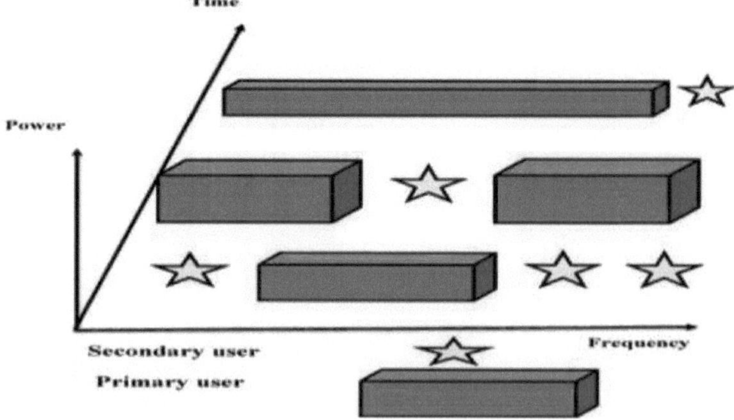

Figura 2.1: O comportamento do rádio cognitivo

Recorde-se que as principais funções do RC são: Deteção do espetro, Partilha do espetro, Mobilidade do espetro e Gestão do espetro [20], como mostra a figura 2.2.

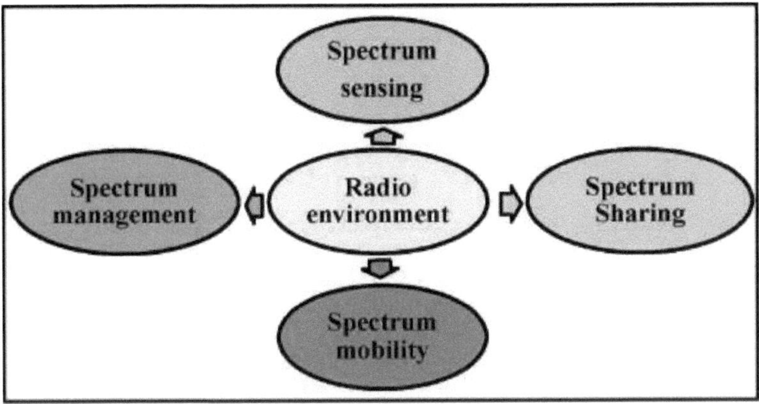

Figure 2.2: Functions of cognitive radio

1- Deteção do espetro

Efectua um scanner do espetro para determinar se há partes do espetro que não são utilizadas pela PU, de modo a poderem ser reutilizadas pelos SU. Isto deve ser feito condicionalmente enquanto a PU não é afetada [22],[22]. Este tipo será abordado com mais pormenor na secção 2.3.

2- Partilha do espetro

É o processo pelo qual os buracos no espetro são razoavelmente distribuídos pelos utilizadores não licenciados. Se muitos utilizadores não licenciados tentarem aceder ao espetro, o acesso à rede CR deve ser coordenado para evitar que vários utilizadores colidam em partes do espetro que se sobrepõem. Não é semelhante à deteção do espetro, que é utilizada na camada física, e à gestão do espetro, que está estreitamente associada aos serviços da camada superior. A partilha do espetro é idêntica às técnicas de acesso múltiplo de utilizadores múltiplos e de atribuição de recursos na camada MAC dos actuais sistemas de comunicações [23], [22].

Existem dois tipos de partilha do espetro [22] :

1- Neste método, cada SU utiliza o espetro simultaneamente com a PU sem exceder o nível determinado. Esta abordagem limita a potência de transmissão dos SUs de modo a que funcionem abaixo do limite de temperatura de interferência das PUs, como na figura 2.4a.

2- Partilha do espetro em sobreposição: Esta abordagem não impõe necessariamente qualquer restrição severa à potência de transmissão dos SUs, como mostra a Fig. 2.4 (b). Permite que os SU identifiquem e explorem o espetro. É compatível com a atribuição de espetro existente e, por conseguinte, os sistemas licenciados podem continuar a funcionar sem serem afectados pelos SU.

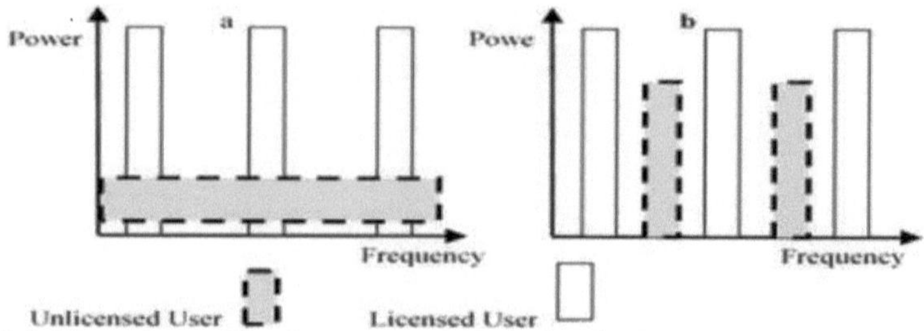

Figura 2.3: Tipos de partilha do espetro: a) Underlay, b) Overlay 3- Mobilidade do espetro.

É responsável por manter a comunicação contínua durante a deslocação do SU de um canal para outro. Quando um buraco no espetro é detectado e atribuído ao SU, este pode continuar a utilizar este canal ocioso até que a PU comece a transmitir novamente. Neste ponto, o SU deve desocupar o canal e mover-se para outro canal vago.

4-Gestão do espetro

É um procedimento de análise e julgamento do espetro baseado nos resultados dos sensores de espetro, ou seja, é responsável por selecionar o canal ótimo de entre todos os detectores de buracos no espetro de acordo com a Qualidade de Serviço (QoS) para a comunicação, que melhor satisfaça os requisitos do utilizador [22]. No sistema CR, os buracos de espetro detectados podem disseminar-se numa vasta gama que pode incluir tanto bandas licenciadas como bandas não licenciadas [27].

2.2.1 Utilizador primário (PU)

O PU é o utilizador licenciado a quem foi atribuído um espetro fixo e que utiliza o seu espetro sem interferências ou interrupções com outros utilizadores da rede [28]. Assim, o PU pode utilizar o espetro em qualquer altura e em qualquer lugar, como por exemplo (comunicações marítimas e aeronáuticas: 300-535 kHz), (rádio AM: 535 kHz e 1,605 MHz), (LTE-América do Norte: 800 MHz, 700 MHz, 1,9 GHz, 2,6 GHz e 1,7/2,1 GHz), bandas de radiodifusão televisiva VHF/UHF de 54 a 862 MHz [29].

2.2.2 Utilizador secundário (SU)

O SU é o utilizador não licenciado que utiliza a banda de espetro não licenciada ou o espetro licenciado da PU quando esta está inativa. O SU pode utilizar o espetro da PU nas condições em que não deve sofrer interferências com a utilização da banda da PU [30].

As bandas não licenciadas incluem as bandas Industrial Scientific Medical (ISM), como 2,4-2,5 GHz, 902-928 MHz e 5,725-5,875 GHz. A banda ISM também é utilizada para aplicações não ISM, como; (IEEE 802.15.1 Bluetooth: a banda inclui 2,402-2,48GHz), (IEEE 802.11 / Wi- Fi: a banda inclui 2,45 e 5,8GHz) e (Zig-Bee, IEEE 802.15.4 e outras redes de área: 915MHz e 2,45GHz [29].

2.3 Deteção do espetro

A deteção do espetro efectua a pesquisa do espetro para determinar se existem partes do espetro não utilizadas pela PU, de modo a poderem ser reutilizadas pelas SUs. Isto não deve afetar a PU, e sempre que o sinal da PU não estiver disponível, a SU utilizará o espetro [31].

A deteção do espetro ajuda os consumidores de rádio cognitivo a conhecer o ambiente do rádio, detectando a presença ou ausência de PU através da utilização de um ou mais sensores [32]. A Figura 2.1 mostra o diagrama de blocos geral da deteção do espetro. A questão importante é: como é que o sinal pode ser detectado quando o valor SNR é baixo? Este é um problema difícil que se coloca à deteção do espetro neste ambiente. Para ultrapassar este problema, pode ser utilizado um teste de hipóteses. São consideradas duas hipóteses para a presença e ausência de um sinal, mostradas na Eq. 2.4 [33].

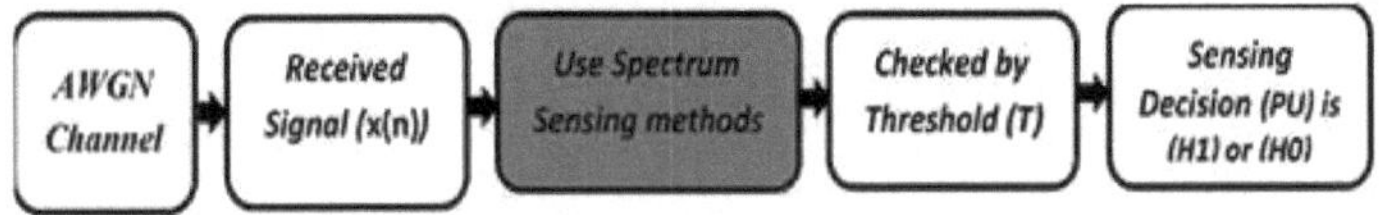

Figura 2.4: Diagrama de blocos geral da deteção do espetro.

Hipótese 0 (H_0): O sinal PU está ausente.

Hipótese 1 (H_1): O sinal PU está presente.

$$x(n)= \begin{cases} w(n) & H0:\ \text{PU absent} \\ w(n)+s(n) & H1:\ \text{PU present} \end{cases} \qquad \cdots\cdots (2.1)$$

em que n=1... ..N, N é o número de amostras, $x(ri)$ é o sinal recebido, s(n) representa o sinal PU, w(n) é o ruído branco gaussiano aditivo (AWGN) com média zero e variância a^2 (o quadrado do desvio-padrão). As duas hipóteses possíveis são H0 e H_1: apenas ruído e sinal com ruído, respetivamente. A saída do detetor é comparada com um limiar para tomar a decisão correcta. Há três critérios que devem ser utilizados para a deteção exacta do espetro: a probabilidade de deteção (P_d), a probabilidade de falso alarme (P_f) e a probabilidade de deteção falhada (P_m) [34], [35], como mostra a figura 2.5, que apresenta estes três tipos.

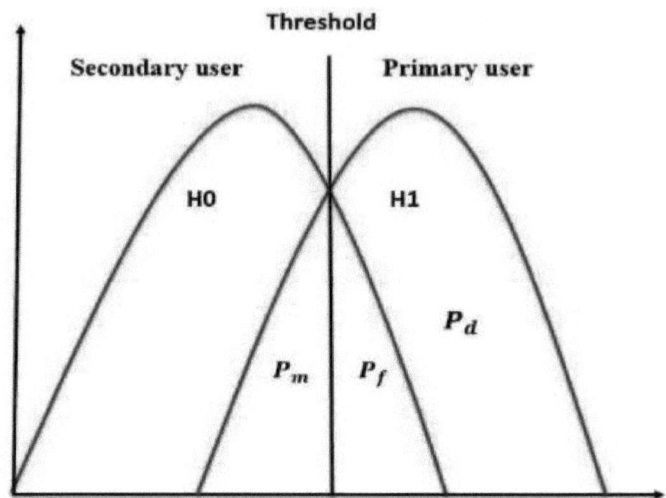

Figura 2.5: O limiar escolhe com equações de teste de probabilidade e de hipótese.

2.3.1 Classificações das técnicas de deteção do espetro

As técnicas de deteção do espetro podem ser classificadas em dois tipos: banda estreita e banda larga [36]-[38]. O sensoriamento de banda estreita analisa um canal de frequência simultâneo enquanto o sensoriamento de banda larga analisa um número de frequências de cada vez [39], nesta tese será utilizada a banda estreita. A Figura 2.6 mostra estes dois tipos.

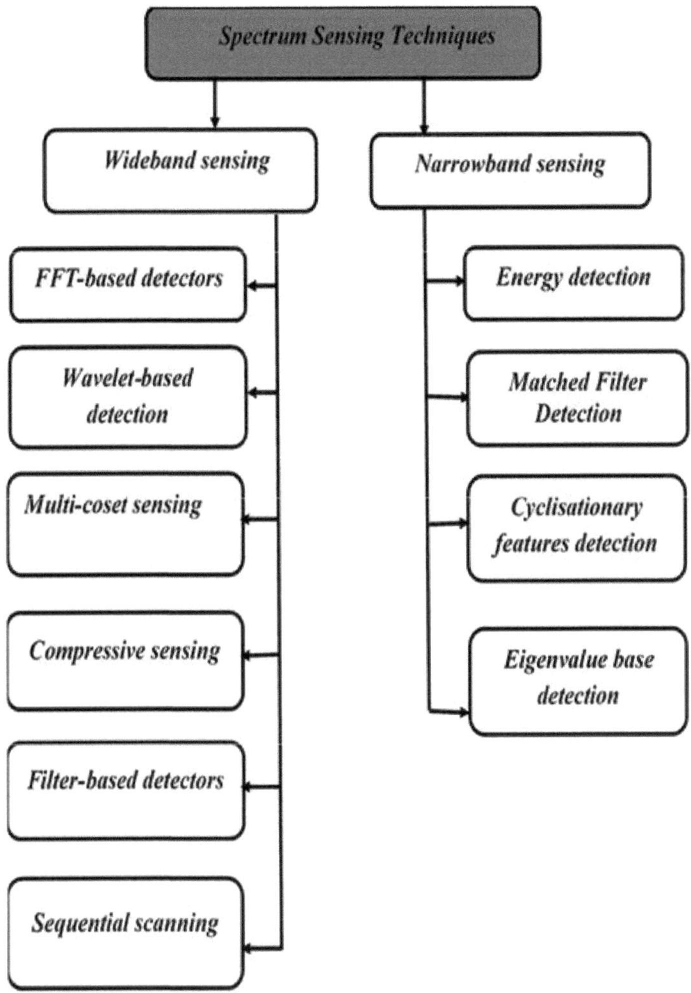

Varrimento sequencial

Figura 2.6: Técnica de deteção do espetro

2.3.2 Alguns métodos de deteção para deteção de banda estreita

Tal como referido na secção anterior, existem muitas técnicas de deteção. Neste trabalho, serão abordados dois métodos:

2.3.2.1 Método do detetor de energia (ED)

É um método preferido para a deteção do espetro, devido à sua simplicidade de operação, aplicabilidade no tempo e na frequência, não requer nenhum conhecimento prévio sobre PU, baixos custos computacionais e de implementação. A deteção do sinal de PU depende do nível de energia no canal [40], [41]. A figura 3.1 mostra o fluxograma das etapas de deteção de energia.

O teste estatístico do detetor de energia é dado na Eq. (2.2) [42]

$$ED = \sum_{n=1}^{N} |x(n)|^2 \quad\text{------------------------------ (2.2)}$$

N é o número de amostras, *(ri)* é o sinal recebido simulado neste trabalho.

2.3.2.2 Deteção de filtros combinados (MFD)

É o tipo mais complexo de técnica de deteção do espetro e o mais preciso. A deteção pode dar bons resultados com ruído elevado (SNR baixo) e as PU podem ser detectadas facilmente se o tempo de deteção for curto. Maximiza a relação sinal/ruído na saída do detetor; no entanto, necessita de um conhecimento avançado do sinal do utilizador primário [43].

A estratégia MFD só pode ser utilizada quando o conhecimento dos pré-requisitos (portadora piloto, tipo de modulação, códigos de espalhamento e forma de pulso) é suficiente para distinguir entre a utilização do canal por outras SU e o próprio utilizador primário [31]. A Figura 3.2 representa os fluxogramas do MFD.

O teste estatístico MFD é apresentado [44]:

$$A_{matche}[k] = h[k - n] * x[n] \quad\text{.....................(2.3)}$$

Em que *x* é o sinal recebido, * convolução, h é a resposta ao impulso.

2.3.3 Nível do limiar (T)

O nível de limiar T decide se o sinal alvo está ausente ou presente. Este nível de limiar determina todas as métricas de desempenho/^, P_m e P_f. O nível de limiar adaptativo (AT) mede o sinal de ruído de acordo com a variância de ruído estimada. Isto é feito com base na informação calculada a partir do sinal recebido. Aumenta P_d e diminui P_f em comparação com a deteção de energia com um limiar estático [45].

Existem várias vantagens na utilização do limiar adaptativo no processo de deteção de PUs, que podem ser resumidas em

1- Diminuir a probabilidade de erro *(P_m, P_f)* no SS.
2- Aumentar a probabilidade de deteção (P_d).
3- Aumentar a precisão da deteção de SS.

A equação matemática utilizada para calcular o nível de TA para o DE é dada na Eq. (2.4) [46]:

$$AT_{energy} = \sqrt{2Nv^4}Q^{-1}(P_f) + Nv^2 \quad\text{------------------(2.4)}$$

Onde *a energia* AT é o limiar adaptado de ED, v é a energia do ruído por amostra, que é considerada como (1/SNR), Q^{-1} é a função inversa de P_f. O valor deste limiar é calculado com base num valor constante de SNR e número de amostras, enquanto *(P_f =* 0,01) [46].

A equação matemática utilizada para calcular o nível de TA para o MF é dada na Eq. (2.5) [47]:

$$AT_{matched} = Q^{-1}(P_f)\sqrt{E\sigma^2} \quad\text{-----------------------------(2.5)}$$

Onde E é a energia do sinal PU e σ^2 é a variância [47].

2.3.4 Métricas de deteção do espetro

A eficiência das técnicas de deteção de espetro é definida pela utilização das seguintes métricas [42], P_d, P_m, P_f, que são ilustradas de seguida: **2.3.4.1 Probabilidade de deteção** *(Pd)*

Decide se a PU está presente ou não. Se o valor de P_d for elevado, isso significa que a potência do sinal recebido é superior ao nível do limiar [42].

2.3.4.1.1 Pd para o detetor de energia

A equação matemática utilizada para calcular P_d para o caso ED é dada na Eq. (2.6) [47]:

$$P_{d,theoretical} = Q \left(\frac{\left(\frac{T}{\sigma^2}\right) - N(1 + SNR)}{\sqrt{(2N(1 + SNR)^2)}} \right) \ldots \ldots \ldots (2.6)$$

Onde Q é a função, T é o nível do limiar de deteção.

Para calcular Pd no Simulink, é utilizada a relação (2.7):

$$P_{d,Simulation} = {N_d}/{N} \ldots \ldots \ldots \ldots \ldots \ldots \ldots \ldots \ldots (2.7)$$

M/Tlie o número de detecções, N o número de amostras

2.3.4.1.2 Pd para o detetor de filtro combinado

A equação matemática utilizada para calcular *a* P_d para o MF
é dada na Eq. (2.8) [47]:

$$P_{d,theoretical} = Q \left(\frac{(T - E)}{\sqrt{E\sigma^2}} \right) \ldots \ldots \ldots \ldots (2.8)$$

Para calcular Pd no Simulink, é utilizada a relação (2.9):

$$P_{d,Simulation} = {N_d}/{N} \ldots \ldots \ldots \ldots \ldots \ldots \ldots \ldots (2.9)$$

2.3.4.2 Probabilidade de deteção de erros P_m

Isto significa que a decisão do sensor sobre o sinal PU está ausente; enquanto que está presente e o resultado da hipótese é (H1). O sinal recebido é inferior ao limiar (A potência do sinal recebido < limiar) [42].

2.3.4.2.1 Pm para o detetor de energia

As equações teóricas e de simulação são [49]:

$$P_{m,theoretical} = 1 - P_{d,theoretical} \ldots \ldots \ldots (2.10)$$

$$P_{m,Simulation} = {N_m}/{N} \ldots \ldots \ldots \ldots \ldots \ldots \ldots (2.11)$$

Pode utilizar a equação ($P_{m,Simulação} = 1 - P_{d,Simulação}$)

NmO número de deteção de erros, N o número de amostras

2.3.4.2.2 Pm para o detetor de filtro combinado

A equação teórica e a simulação são[49]:

$$P_{f,theoretical} = Q\left(\frac{T - N\sigma^2}{\sqrt{(2N(\sigma^2)^2)}}\right) \quad \dots\dots\dots\dots\dots (2.14)$$

2.3.4.3 Probabilidade de falso alarme Pf

Significa que a decisão do sensor sobre o sinal PU está presente, enquanto que este está ausente, e o resultado da hipótese é H0. (sinal de ruído > nível de limiar) [48].

2.3.4.3.1 Pf para o detetor de energia

A equação matemática que é usada para calcular teoricamente Pf para o ED é dada na Eq. (2.14) [47]: .

$$P_{f,theoretical} = Q\left(\frac{T - N\sigma^2}{\sqrt{(2N(\sigma^2)^2)}}\right) \quad \dots\dots\dots\dots\dots (2.14)$$

Para calcular Pf no Simulink, é utilizada a relação (2.15):

$$P_{f,Simulation} = {N_f}/{N} \quad \dots\dots\dots\dots\dots\dots\dots\dots (2.15)$$

W/Tlie número de deteção de erros, N o número de amostras

2.3.4.3.2 Pf para o detetor de filtro combinado

A equação matemática que é utilizada para calcular Pd para o
A MFD teórica é dada pela Eq. (2.15) [47]:

$$P_{f,theoretical} = Q\left(\frac{T}{\sqrt{E\sigma^2}}\right) \dots\dots\dots\dots (2.16)$$

$$P_{f,Simulation} = {N_f}/{N} \quad \dots\dots\dots\dots\dots\dots\dots\dots (2.17)$$

2.3.5 Comparação entre ED e MFD

Existem muitas diferenças entre a ED e a MFD, que podem ser resumidas no Quadro 1.

Tabela 2.1: Comparação entre ED e MFD [44], [50].

Deteção de energia	Deteção de filtros combinados
1. Baixo custo de funcionamento.	1. Custo operacional elevado.
2. Não são necessários conhecimentos prévios para a PU.	2. São necessários conhecimentos prévios para a PU.
3. Descomplicado e fácil de implementar.	3. complicado e de difícil aplicação.
4. Baixa precisão de deteção. A deteção não é boa com ruído elevado e as PU não podem ser detectadas com SNR baixo.	4. Elevada precisão de deteção, a deteção com elevado ruído e PUs pode ser detectada com SNR baixo.
5. O tempo necessário para a deteção é longo.	5. O tempo necessário para a deteção é curto.
6. É praticamente utilizado.	6. Nem sempre praticamente utilizado porque os sinais das UP por vezes não são conhecidos antecipadamente
7. Não consegue distinguir entre os outros SUs que utilizam o canal e a PU.	7. Pode distinguir entre outros

	SUs que utilizam o canal e o PU

2.4 Deteção cooperativa do espetro (CSS)

Para melhorar o desempenho da deteção, mais do que um detetor verifica o espetro e partilha a sua decisão entre eles, o que é normalmente utilizado porque a deteção do espetro de nós individuais não pode atingir uma elevada precisão de deteção.

O CSS pode ser classificado da seguinte forma, como mostra a figura (2.7)

1- Centralizado.

Cada SUs envia a sua decisão para o Centro de Fusão (FC) para decidir se a PU está ausente ou presente [49], [22].

2- Distribuído

Os nós SUs enviam relatórios entre si, e decidem se a PU está ausente ou presente [22], [23].

3- Assistido por relé.

Organiza os SUs em níveis, e um nível envia relatórios para o outro nível. Estes níveis escrevem continuamente um novo relatório e enviam-no para o nível seguinte até chegar ao Centro de Fusão (CF) [54].

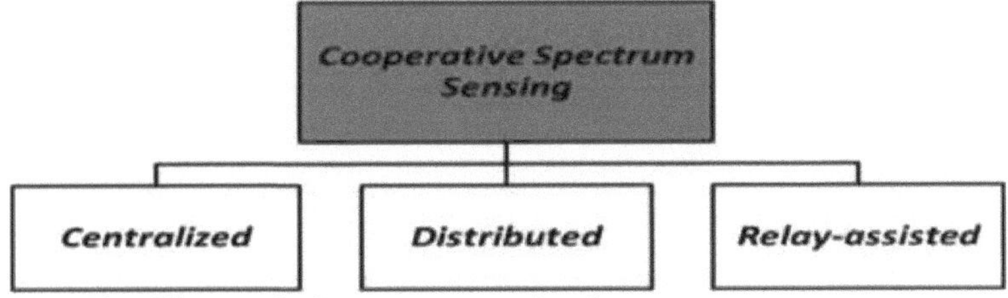

Figura 2.7: Classificação da deteção cooperativa do espetro

Existem cinco elementos pelos quais o sensoriamento cooperativo passa para decidir se a PU está presente ou não no canal [55], [56], como mostra a figura. 2.8, são eles:

1- Técnicas de deteção: nesta parte são seleccionadas técnicas de deteção do espetro de banda estreita.

2- Teste de hipóteses: consiste em determinar um teste estatístico para decidir se o PU está presente ou não no canal.

3- Modelos de cooperação: escolha de qualquer tipo de deteção cooperativa do espetro.

4- Canal de controlo e relatório de envio: Os utilizadores do CR enviam os resultados da deteção como o valor Pd para o FC.

5- Fusão de dados: combina o resultado da deteção que é recolhido dos detectores como o valor Pd e toma uma decisão cooperativa.

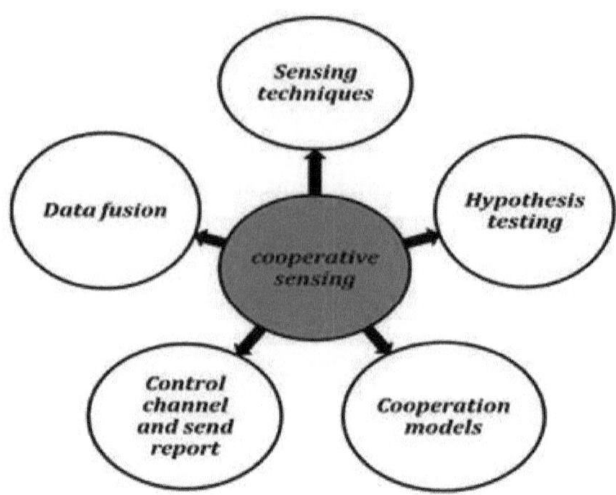

Figura 2.8: Os elementos da deteção cooperativa

Existem regras de aplicação para a deteção dos resultados na CF, a que se chama regra de fusão de dados. Esta dá a decisão final sobre a PU (presente ou ausente), ver figura (2.9) [57][58]. O nosso trabalho centra-se nas regras de fusão de dados.

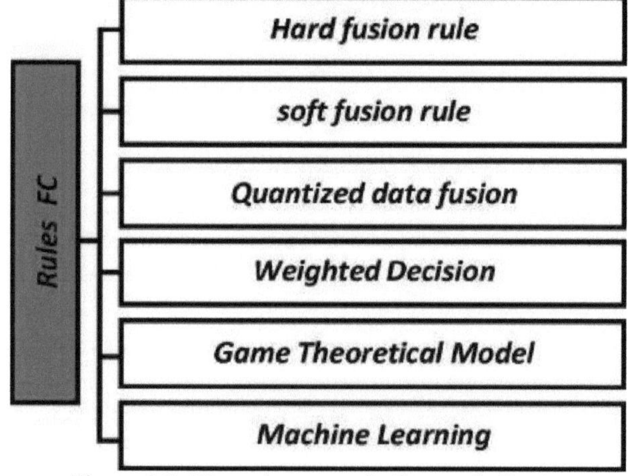

Figura 2.9: Tipos de regras do Centro de Fusão

2.4.1 Regra de fusão rígida

Existem dois tipos de regras de fucionamento rígido utilizadas neste trabalho:

1- Regra de fusão OU: É uma decisão segundo a qual o espetro está disponível se um dos SUs comunicar que a PU está ausente. Onde M é um número de SUs.

Para este tipo de regra de fusão, Pd , Pm e Pf serão [55]:

A -P_d

$$P_{d,R} = 1 - \overset{M}{\underset{i}{G}} (1-P_{d,i}) \dots\dots\dots\dots.(2.18)$$

B-P_m

$$P_{m,R} = 1 - P_{d,OR} \dots\dots\dots\dots\dots.(2.19)$$

C-P_f

$$P_{f,R} = 1 - \overset{M}{\underset{i}{G}} (1-P_{f,i}) \dots\dots\dots\dots.(2.20)$$

Regra de fusão 2-AND: É uma decisão de que o espetro não está disponível se um dos SUs comunicar que a PU está presente.

Para este tipo de regra de fusão, P_d, P_m e P_f serão [55].

A -P_d

$$P_{d,AND} = \overset{M}{\underset{i}{G}} P_{d,i} \dots\dots\dots\dots.(2.21)$$

B-P_m

$$P_{m,ND} = 1 - P_{d,AND} \dots\dots\dots.(2.22)$$

C-P_f

$$P_{f,AND} = \overset{M}{\underset{i}{G}} P_{f,i} \dots\dots\dots\dots.(2.23)$$

2.4.2 Vantagens da deteção cooperativa do espetro

Existem muitas vantagens na utilização da deteção cooperativa em relação à deteção individual, que podem ser resumidas nos seguintes pontos

1- A técnica de cooperação entre SUs pode melhorar o desempenho da deteção do espetro em CR.

2- Aumentar a precisão aumentando o P_d.

3- Para superar os problemas de desvanecimento, sombreamento e nó oculto que são herdados no SS.

4- Atenuação/evitação de interferências entre PUs-SUs e SUs-SUs.

Sistema proposto

Capítulo 3
Sistema proposto

3.1 Prefácio

Este capítulo apresenta uma proposta de trabalho para resolver dois problemas que ocorrem, o primeiro é o facto de o valor do ruído não ser conhecido. Este problema pode ser resolvido através do desenvolvimento de um algoritmo de Adaptive Threshold (AT) Level. O segundo é a invisibilidade da PU para todas as SUs, o que pode ser resolvido através de Detectores Cooperativos de Energia, Detectores Cooperativos de Filtro Combinado e Detectores Combinados de Energia e Filtro Combinado.

3.2 Desenvolvimento de um algoritmo para o Nível de Limiar Adaptativo

Para resolver o primeiro problema que foi abordado neste trabalho, é a dificuldade no processo de deteção, se a PU utiliza o espetro ou não, devido à falta de valor de ruído, por isso os algoritmos desenvolvidos ED e MFD utilizam AT.

3.2.1 Algoritmo de deteção de energia proposto utilizando o limiar adaptativo

Propusemos o algoritmo ED utilizando o nível de limiar adaptativo para resolver o problema da falta de valor do ruído. Como se pode ver na figura. (3.2), são dados os parâmetros iniciais de algumas variáveis. De seguida, adiciona-se AWGN ao sinal. A ED é calculada utilizando a Eq. (2.2), enquanto o nível AT é calculado utilizando a Eq. (2.4), que depende do valor do ruído. O valor de AT é elevado se o ruído for elevado, e vice-versa. Em seguida, o valor de ED é comparado com o valor de AT para calcular a probabilidade de deteção e a probabilidade de deteção falhada. Este processo é repetido até ao último número de amostras com diferentes valores de SNR.

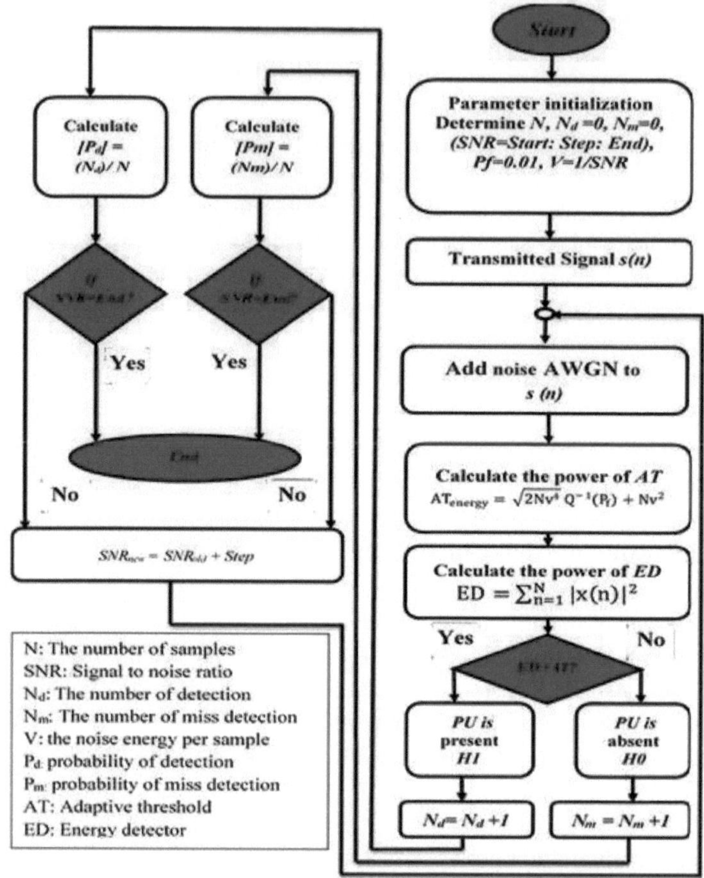

Figura 3.1: Fluxogramas para a deteção de energia

3.2.2 Algoritmo proposto de deteção de filtro combinado com limiar adaptativo

O algoritmo MFD proposto utiliza o nível de limiar adaptativo para resolver o problema da falta de valor do ruído. Como se pode ver na figura. (3.2) demonstra o trabalho global e os parâmetros preliminares de algumas variáveis, tais como o número de amostras, a SNR, a probabilidade de falso alarme (Pf) e o sinal de entrada simulado como Binary phase-shift keying (BPSK). O nível de MFD é calculado utilizando a Eq. (2.3) após a adição de AWGN e, em seguida, o nível de AT para MFD é calculado de acordo com a Eq. (2.5). Em seguida, compara-se o valor de AT com o valor de MFD para calcular o valor da probabilidade de deteção Pd e a probabilidade de deteção falhada Pm. Este processo é continuado e repetido até se completar o último número de amostras com diferentes valores da gama SNR.

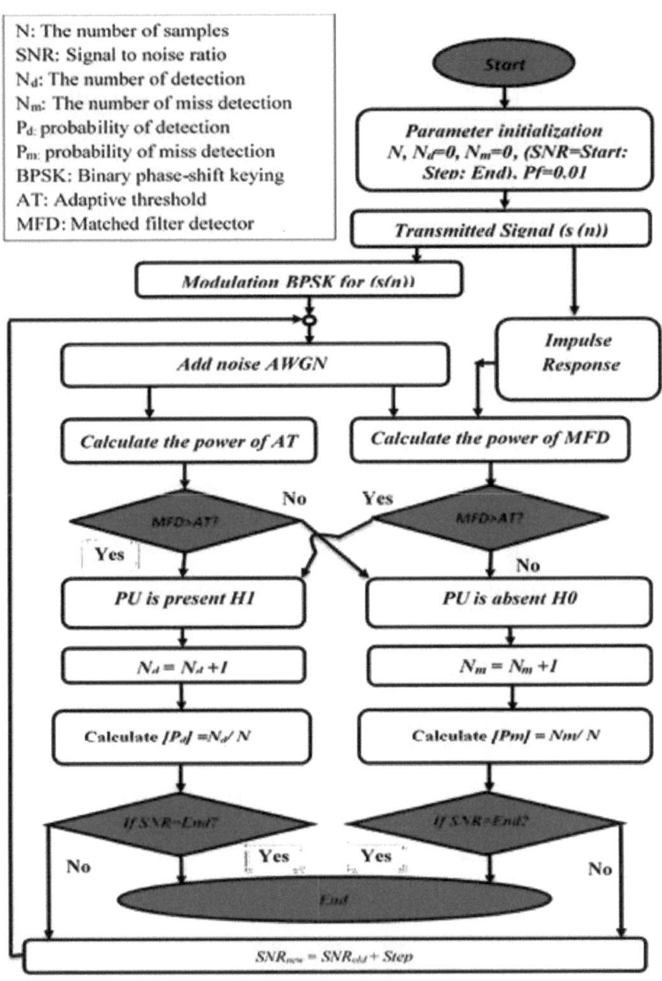

Figura 3.2: Fluxograma para a deteção de filtros combinados

3.3 Detectores cooperativos com limiar adaptativo

Para resolver o segundo problema principal tratado neste trabalho, em que a PU é invisível para todos os SUs (Hidden Node Problem) e leva a uma deteção imprecisa, são propostos e testados três algoritmos:

3.3.1 Cooperativa para detectores de energia.

1st caso proposto e testado aqui é; detectores de energia cooperativos usando AT:

1-Utilizando mais de (SUs), todos eles varrem o mesmo espetro.

2-Cada SU tem um ambiente diferente (ruído e ganho)

3- Cada SU funciona de acordo com o algoritmo mencionado na figura 3.1.

4- O resultado da comparação é enviado para o Centro de Fusão.

5- Aplicar qualquer regra para a CAF (regra de fusão OU ou regra de fusão E).

6- O processo repete-se até que o número de amostras e os valores SNR estejam completos. Ver figura 3.3.

3.3.2 Cooperativa para detectores de filtros emparelhados.

O 2nd caso proposto e testado é: detectores cooperativos de filtros combinados utilizando AT:

1- Utilização de muitos SUs para detetar o mesmo espetro.

2- Cada su tem circunstâncias diferentes (ruído e ganho).

3- Cada UD segue o algoritmo MFD mencionado na Figura 3.2

4- O resultado da comparação entre MFD e AT deve ser transferido para a CAF.

5- Os resultados obtidos a partir da comparação, aplicam a regra de fusão OU ou a regra de fusão E.

6- Os passos repetem-se até que o número de amostras e os valores SNR estejam completos, ver Figura 3.4

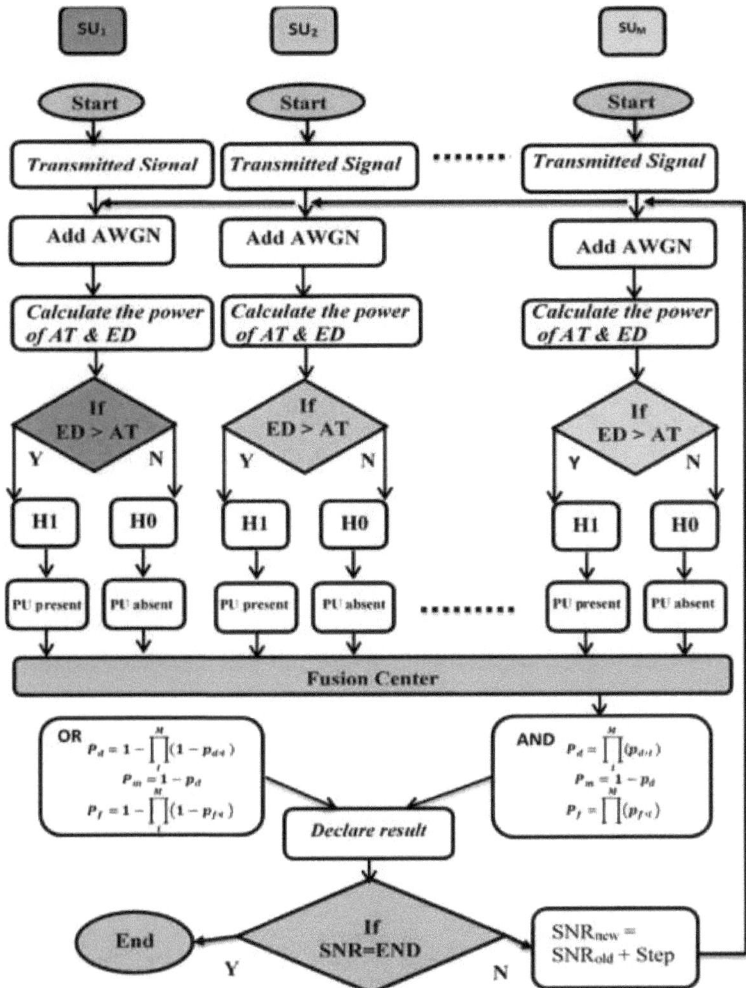

Figura 3.3: Fluxograma da deteção de energia cooperativa

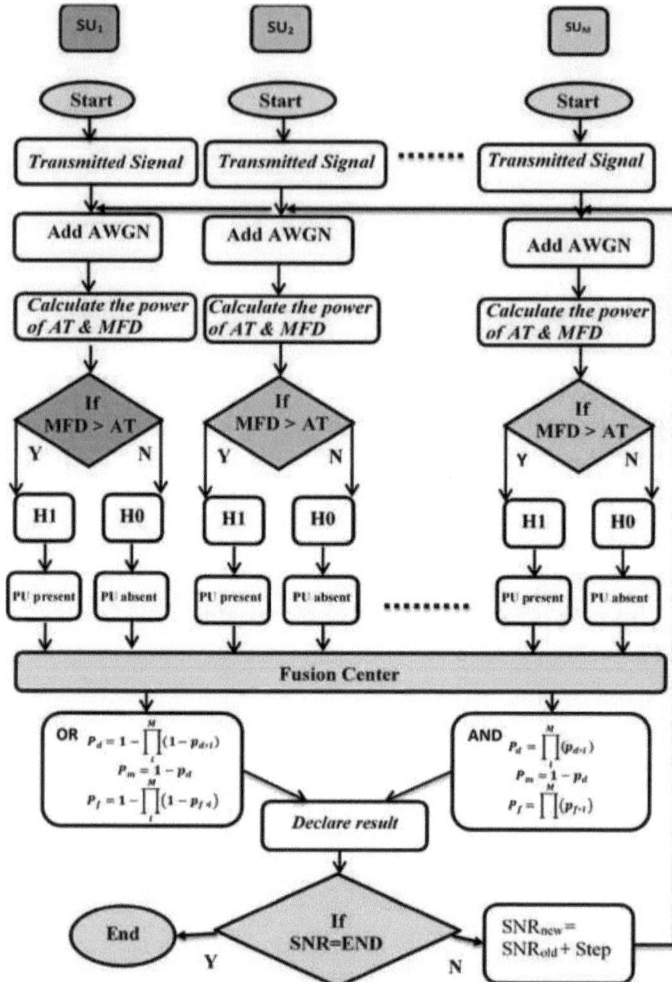

Figura 3.4: Diagrama de fluxo da deteção do filtro combinado cooperativo

3.3.3 Detectores de energia combinada e de filtro combinado.

O 3rd caso proposto e testado de deteção cooperativa é a combinação de um detetor de filtro combinado e de um detetor de energia utilizando AT.

1- A primeira parte da figura 3.5 mostra o caso do SU1 em que o ED ou o MFD utilizam o processo de deteção e enviam os seus resultados para a CAF depois de efectuarem a comparação com o nível AT.

2- Repetir os mesmos passos que em um (ter um ambiente de espetro diferente (ruído e ganho)), repetir as mesmas coisas que SU1. Depois disso, todas as primeiras decisões são enviadas para a FC.

3- Aplicação da regra de fusão OR ou da regra de fusão AND aos resultados da FC. A decisão final sobre o espetro estar ou não inativo é tomada nesta fase.

26

4- Os passos são repetidos novamente até que o número de amostras e os valores
SNR sejam completados.

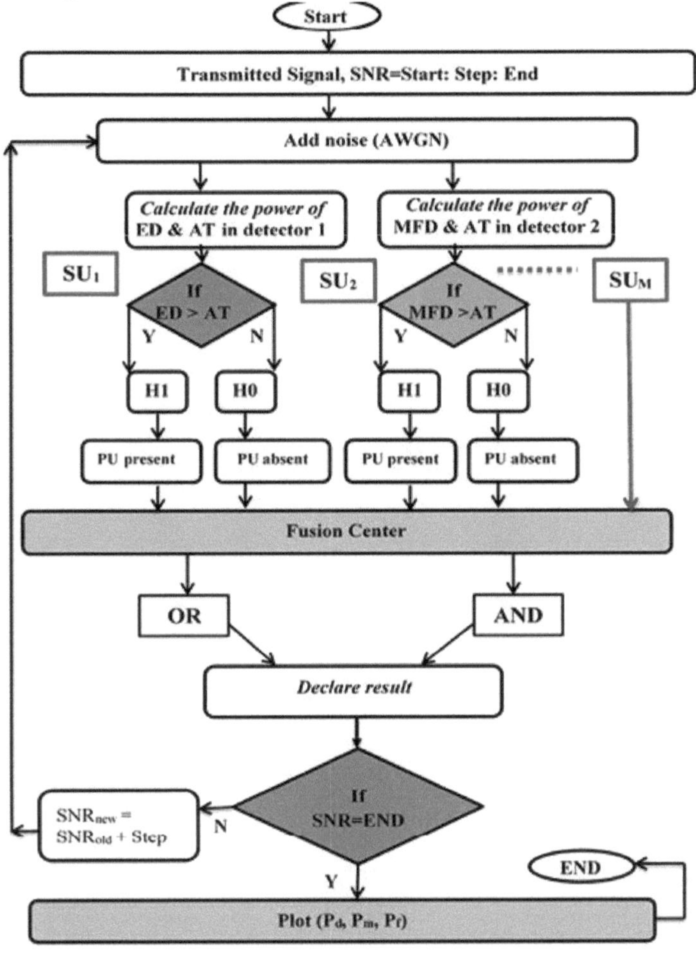

Figura 3.5: Fluxograma da deteção cooperativa combinada de filtros
correspondentes e deteção de energia

Simulação e análise de resultados

Capítulo 4
Simulação e análise de resultados

4.1 Prefácio

O principal problema é detetar a presença de uma PU num ambiente ruidoso com um valor de ruído desconhecido. O tipo de ruído utilizado no nosso projeto de sistema é o AWGN. Outro problema discutido neste trabalho é o problema do nó escondido, e é resolvido usando os detectores cooperativos.

Os programas Matlab são utilizados para simular um projeto de sistema proposto e, em seguida, analisar os resultados. Os parâmetros iniciais aplicados na simulação são: número de amostras N=100, P_f = 0,01, e o valor de SNR é variado entre -20 dB e 20 dB.

4.2 Resultados da simulação do limiar adaptativo

São concebidos e estudados dois casos utilizando o nível AT. O primeiro caso é quando é utilizado o ED, enquanto o segundo caso é quando é utilizado o MFD. Estes dois casos serão analisados em pormenor nas secções seguintes.

4.2.1 Resultados da simulação do limiar adaptativo na deteção de energia

A discussão aqui é sobre a figura 3.1 que é mencionada no Capítulo. 3. Os resultados para este fluxograma incluem P_d, Pm e Pf.

4.2.1.1 Probabilidade de deteção para o detetor de energia

A Figura 4.1 mostra a relação entre Pd e SNR para os dois casos, teórico e de simulação. No caso da simulação, verifica-se que o valor de Pd é muito pequeno (cerca de 0,01) na SNR até -17dB, e aumenta para 1 na SNR igual a -1 dB até 20 dB. No caso teórico, a curva parece estar muito próxima da curva da simulação, o que garante que os resultados da simulação da nossa proposta são verdadeiros, porque os resultados da simulação devem ser iguais ou próximos dos resultados teóricos. A Tabela 4.1 apresenta todos os resultados.

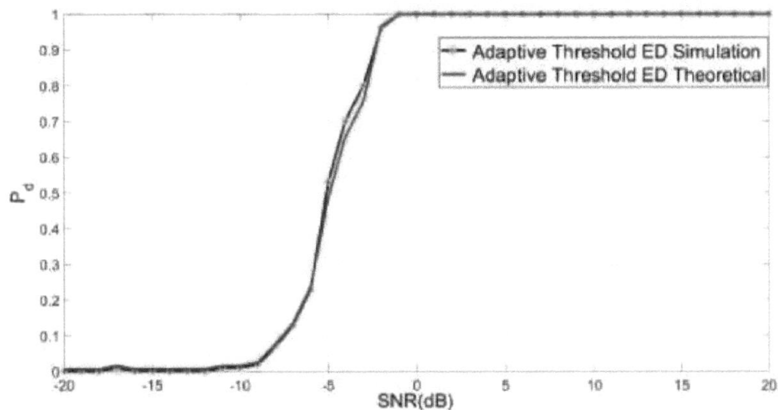

Figura 4.1: *Pd* Teórica e Simulação para o caso ED vs. SNR **4.2.1.2 Probabilidade de Deteção Falhada para o Detetor de Energia**

A Figura 4.2 mostra a relação entre Pm e SNR para todos os casos teóricos e de simulação. Os valores de Pm nos casos de simulação são elevados (cerca de 0,99(para valores de SNR até -17dB e diminuem para 0 para SNR igual a -1dB até 20dB. O caso teórico está próximo do caso de simulação, como mostra a Tabela 4.1.

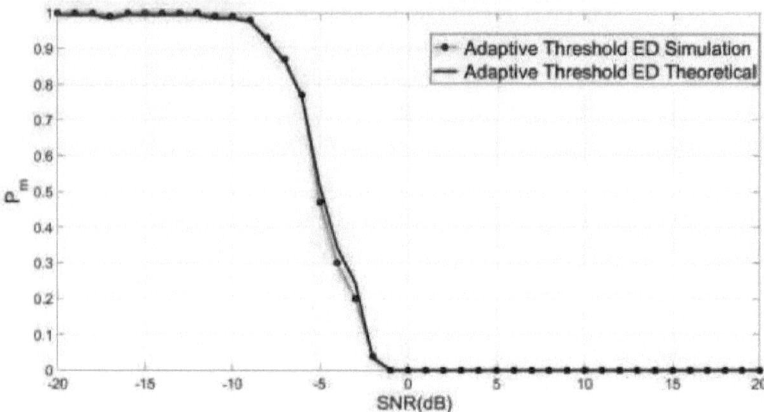

Figura 4.2: P_m Teórico e Simulação para ED vs. SNR **4.2.1.3 Probabilidade de Falso Alarme para o Detetor de Energia**

A Figura 4.3 mostra a relação entre Pf e SNR para os casos teórico e de simulação. Os valores de Pf no caso de simulação são muito próximos uns dos outros e elevados a cerca de 1 em valores muito pequenos de SNR até -10 dB e diminuem para 0 em SNR igual a 1 dB até 20dB. Enquanto no caso teórico, o valor tende a ser muito próximo do caso de simulação. Como mostra a Tabela 1.

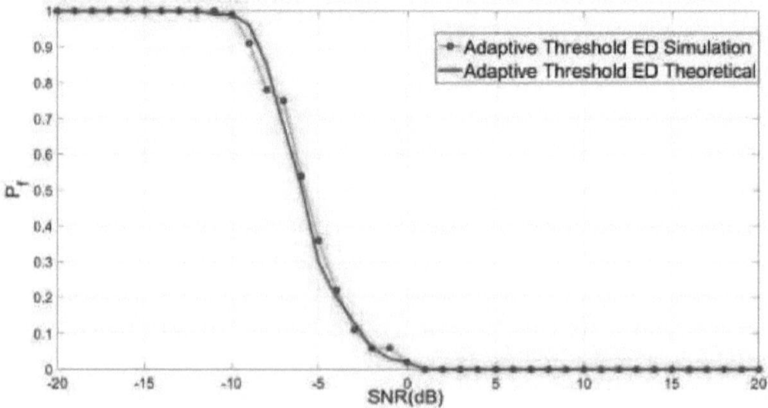

Figura 4.3: *Pf* Teórico e Simulação para ED vs. SNR

Tabela 4.1: Resumo dos resultados da deteção de energia

SNR	Simulação de Pd	Pd Teórico	Simulação Pm	Pm Teórico	Simulação Pf	Pt-Teórico
-20	0	0.006	1	0.994	1	1
-19	0	0.006	1	0.994	1	1
-18	0	0.006	1	0.994	1	1
-17	0.01	0.016	0.99	0.984	1	1
-16	0	0.006	1	0.994	1	1
-15	0	0.006	1	0.994	1	1
-14	0	0.006	1	0.994	1	1
-13	0	0.006	1	0.994	1	1
-12	0	0.006	1	0.994	1	1
-11	0.01	0.016	0.99	0.984	1	0.9904
-10	0.01	0.016	0.99	0.984	0.99	0.99
-9	0.02	0.026	0.98	0.974	0.91	0.96
-8	0.07	0.076	0.93	0.924	0.78	0.85
-7	0.13	0.136	0.87	0.864	0.75	0.68
-6	0.23	0.236	0.77	0.764	0.54	0.51
-5	0.53	0.486	0.47	0.514	0.36	0.3
-4	0.7	0.656	0.3	0.344	0.22	0.2
-3	0.8	0.756	0.2	0.244	0.11	0.13
-2	0.96	0.966	0.04	0.034	0.06	0.06
-1	1	1	0	0	0.06	0.03
0	1	1	1	0	0.02	0.02
1-20	1	1	1	0	0	0

4.2.2 Resultados da simulação para o limiar adaptativo em condições de emparelhamento

Deteção de filtros

Nesta secção, foram analisadas a probabilidade de deteção, a probabilidade de deteção falhada e a probabilidade de falso alarme para o fluxograma de deteção do filtro combinado mencionado na figura 3.2.

4.2.2.1 Probabilidade de deteção para o detetor de filtro combinado

A Figura 4.4 mostra Pd e SNR para os dois casos, teórico e de simulação. O valor da SNR varia em passos de -20 dB a 20 dB. No caso de simulação, verifica-se que o valor de Pd é pequeno (cerca de 0,042) num valor pequeno de SNR até -20 dB, e aumenta para 1 com SNR igual a 0 dB até 20 dB. No caso teórico, o valor parece estar muito próximo do caso de simulação.

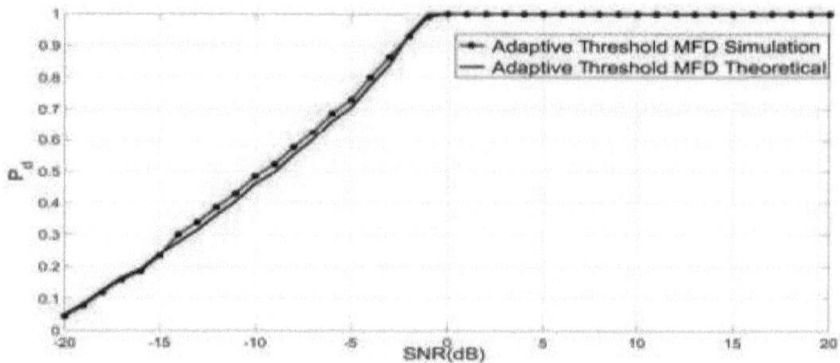

Figura 4.4: P_d Teórica e Simulação para MFD vs. SNR **4.2.2.2 Probabilidade de deteção de erros para o detetor de filtro combinado**

A Figura 4.5 mostra a relação entre Pm e SNR para os casos teórico e de simulação. No caso de simulação, o valor de Pm (cerca de 0,956) em SNR igual a -20 dB, e diminui para 0 em SNR igual a 0 dB até 20 dB. No caso teórico, o valor de Pm (cerca de 0,95) na SNR igual a -20 dB, e diminui para 1dB na SNR igual a -1 dB até 20 dB.

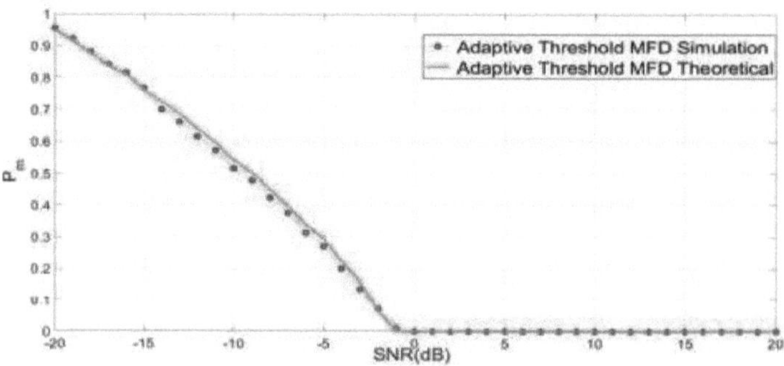

4.5: P_m Teórico e Simulação para MFD vs. SNR

4.2.2.3 Probabilidade de falsa deteção para o detetor de filtro combinado

A Figura 4.6 mostra a relação entre Pf e SNR. Em ambos os casos, teórico e de simulação, os valores de Pf em simulação são elevados (cerca de 0,94) num valor muito pequeno de SNR até -20dB, e diminuem para 0 em SNR igual a -1dB até 20 dB. No caso teórico, o valor parece estar muito próximo do caso de simulação.

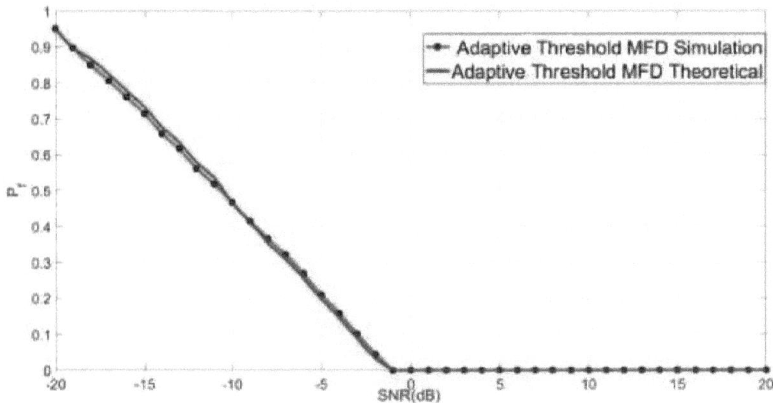

Figura 4.6: *Pf* Teórico e Simulação para MFD vs. SNR

Todos os valores teóricos e de simulação sobre (Pd, Pm e Pf) estão resumidos na Tabela 4.2 para vários valores de SNR.

Tabela 4.2: Resultados resumidos da deteção de filtros combinados

SNR	Simulação de Pd	Pd Teórico	Simulação Pm	Pm Teórico	Simulação Pf	Pt-Teórico
-20	0.044	0.05	0.956	0.95	0.95	0.948
-19	0.077	0.083	0.923	0.917	0.897	0.895
-18	0.119	0.125	0.881	0.875	0.849	0.867
-17	0.159	0.165	0.841	0.835	0.806	0.824
-16	0.185	0.191	0.815	0.809	0.76	0/778
-15	0.234	0.24	0.766	0.76	0.714	0/732
-14	0.3	0.276	0.7	0.724	0.658	0.676
-13	0.338	0.314	0.662	0.686	0.617	0.635
-12	0.385	0.361	0.615	0.639	0.56	0.578
-11	0.428	0.404	0.572	0.596	0.518	0.536
-10	0.484	0.46	0.516	0.54	0.467	0.465
-9	0.522	0.498	0.478	0.502	0.415	0.413
-8	0.576	0.552	0.424	0.448	0.366	0.354
-7	0.625	0.601	0.375	0.399	0.322	0.31
-6	0.686	0.662	0.314	0.338	0.269	0.257
-5	0.729	0.705	0.271	0.295	0.21	0.198
-4	0.799	0.775	0.201	0.225	0.158	0.146
-3	0.864	0.84	0.136	0.16	0.101	04)89
-2	0.929	0.935	0.071	0.065	0.044	04)32
-1	0.99	1	0.01	0	0	0
0-22	1	1	0	2	2	2

33

4.2.3 Comparação dos resultados com trabalhos anteriores

A Figura 4.7 mostra dois gráficos para Pd vs. SNR. O valor inicial utilizado para chegar a este resultado é o número de amostras N=128, o valor de Pf é 0,1, o valor de SNR mudou de -20d B para 20 dB até 5 dB.

Podemos observar que, no Limiar Adaptativo ED proposto, Pd é 0,05 e aumenta continuamente até atingir 1 a -4dB e mais. Enquanto no Dyn--Threshold--ED[17] Pd é estável em zero para -20 dB até -12 dB. Depois começa a aumentar até atingir 1 a -2 dB. O Adaptive Threshold ED proposto é o melhor porque se baseia num Pf constante, SNR, fator Q e número de amostras, enquanto o Dyn--Threshold--ED[17] se baseia na medição da potência do ruído presente no sinal recebido com base nos valores próprios.

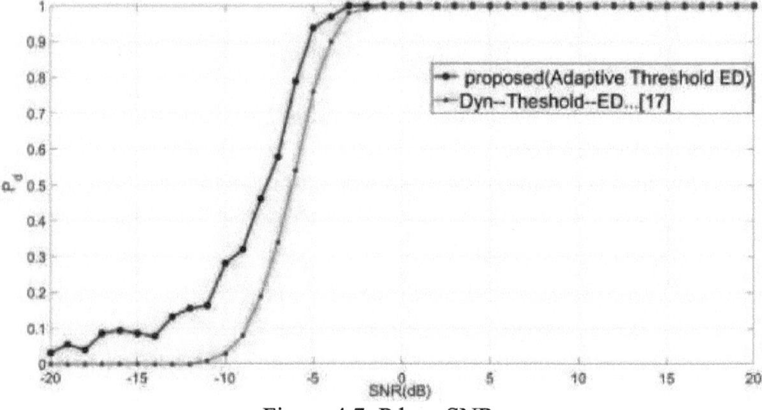

Figura 4.7: Pd vs. SNR

A Figura 4.8 mostra dois gráficos para Pd vs. SNR. O valor inicial utilizado no projeto para obter este resultado é; o número de amostras N=1000, o valor de Pf é 0,01 e o valor da SNR é alterado de -20dB para 20 dB em passos. Pd é calculado para cada valor de SNR, nota-se que o valor de Pd no algoritmo proposto é menor do que a referência [47] em -20dB até -17dB. Mas depois disso, o caso inverte-se, e o nosso algoritmo proposto torna-se melhor e atinge 1 a -8 dB SNR enquanto a referência [27] se torna 1 a 3dB SNR. Assim, é evidente que o nosso Limiar Adaptativo ED é melhor do que [27] porque o limiar depende da energia do ruído por amostra.

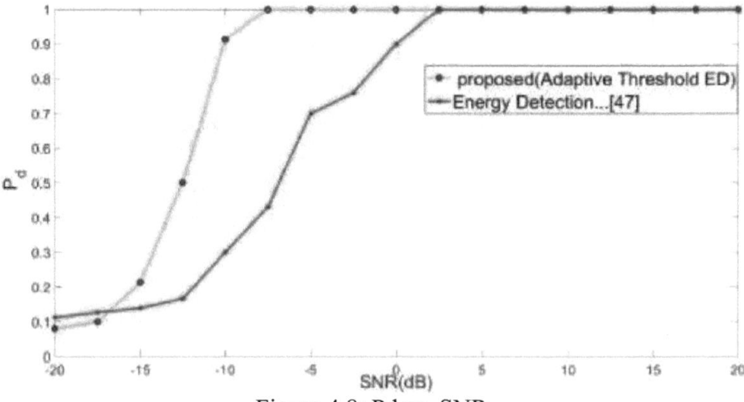

Figura 4.8: Pd vs. SNR

A Figura 4.9 mostra duas curvas desenhadas para Pd para diferentes valores de SNR. Os parâmetros de entrada importantes são: o número de amostras N=59, o valor de Pf é 0,01 e o valor de SNR é alterado (de -10dB para 30dB). A figura mostra que o algoritmo proposto é melhor do que a referência [16] para todos os valores de SNR. Onde Pd é igual a 0,19 a -10dB e aumentou para 1 a -5dB. Enquanto em [16], Pd é igual a 0,03 a -10dB e aumenta lentamente até atingir 1 a 25dB. Em Adaptive Threshold Suggest sense a rede-neural-artificial baseada em ruído enquanto a tesepropõe o uso da variância.

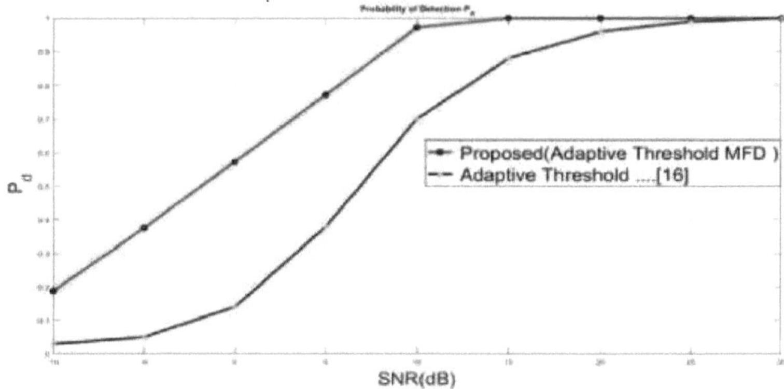

Figure 4.9: P_d vs. SNR

4.3 Resultados da simulação e análise da técnica cooperativa

Nesta parte do trabalho, são discutidos os resultados da solução proposta para o segundo problema (a PU é invisível para todas as SUs). Nas secções seguintes, são estudados três casos em que são aplicados novos algoritmos para ED cooperativa, MFD cooperativa e MFD e ED combinadas.

4.3.1 Resultados da simulação para Detectores de Energia Cooperativos

Esta secção trata dos resultados da aplicação do algoritmo proposto para a ED cooperativa utilizando um nível AT, pelo que são utilizadas várias SUs. Foram efectuadas muitas experiências sobre a alteração do número de SUs. Verificou-se que entre 2-4 SUs os resultados tiveram poucas alterações. E entre 5-9 SUs, notou-se uma clara diferença. Mas para mais de 10 SUs o sistema torna-se muito complicado e demora muito tempo a processar. Assim, 6 SUs são usadas neste trabalho para calcular os valores de Pd, Pm e Pf. como mostra a Tabela 3

O resultado da ED cooperativa parece ser melhor do que uma ED única porque mais do que um detetor verifica o canal.

4.3.1.1 Probabilidade de deteção para detectores de energia cooperativos

A Figura 4.10 mostra Pd para uma gama de valores SNR, em que 6 SUs com diferentes condições (ganho e ruído) trabalham individualmente na deteção do sinal PU. Como mostra a tabela 3.

Tabela 4.3: Condição no ambiente para 6 SUs usando ruído de passos (-20 - 20)

Utilizador secundário	A normalidade de novo
Su1	0.9
Su2	1
Su3	0.8
Su4	0.5
Su5	ON
Su6	0.3

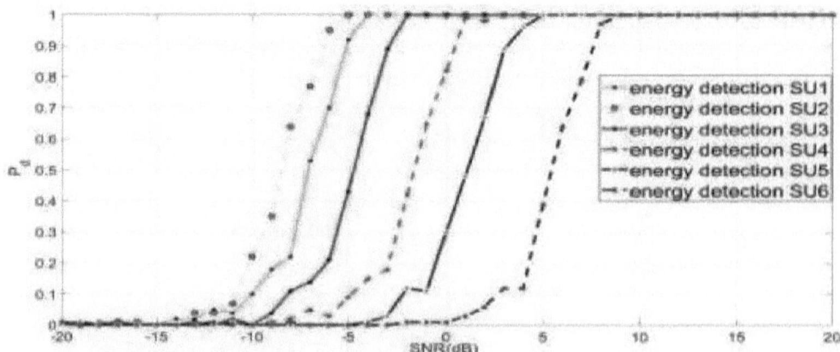

Figura 4.10: Pd para 6 SUs individuais vs. SNR para ED

A Figura 4.11 mostra a relação entre Pd e SNR quando se utilizam diferentes regras de fusão; são apresentados os casos OR-Cooperative, AND-Cooperative e NonCooperative.

Verifica-se que o OR-Cooperativo é o melhor porque se alguma SU declarar que a PU está ausente, o canal pode ser considerado inativo. Observa-se que o valor de Pd é muito pequeno (cerca de 0,02) a um valor pequeno de SNR até -20dB, e aumenta para 1 a SNR igual -5 dB a 20 dB.

Enquanto que no AND-Cooperative se apenas uma SU declara que a PU está presente, o canal pode ser considerado ocupado. Observa-se que o valor de Pd é muito pequeno (cerca de 0,001) a um valor pequeno de SNR até -20dB, e aumenta para 1 a SNR igual -4 dB a 20 dB, conforme fluxograma da figura 3.3

No caso da ED não cooperativa, como mostra o fluxograma da figura 3.2, verifica-se que o valor de Pd é muito pequeno (cerca de 0,0001) a um valor pequeno de SNR até -20 dB, e aumenta para 1 a SNR igual a 0 dB a 20 dB.

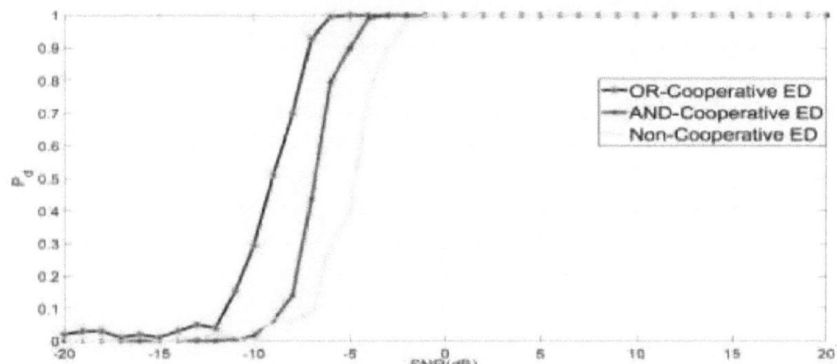

Figura 4.11: Pd (OR-Cooperativo, AND-Cooperativo, Não-Cooperativo) vs. SNR para ED

Os valores de (OR-Cooperative, AND-Cooperative, NonCooperative) para ED estão resumidos na Tabela 4.4.

Tabela 4.4: Pd (OR-Cooperativo, AND-Cooperativo, Não-Cooperativo) e SNR para ED

SNR	OU- Cooperativa	E- Cooperativa	Não Cooperativa
-20	0.02	0	0
-19	0.0298	0	0
-18	0.0297	0	0
-17	0.01	0	0
-16	0.0199	0	04)1
-15	0.01	0	0
-14	0.03	0	0
-13	0.049303	0.0003	04)1
-12	0.0396	0	04)2
-11	0.1531936	0.004	04)1
-10	0.29485864	0.0168	0
-9	0.51027942	0.0627	04)7
-8	0.69904396	0.14	04)6
-7	0.9284194	0.4374	04)9
-6	0.99580168	0.7968	0.3
-5	1	0.9	0.39

-4	1	0.99	076
-3	1	1	0.9
-2	1	1	0.98
-1-20	1	1	1

4.3.1.2 Probabilidade de deteção de erros para ED cooperativa

A Figura 4.12 mostra Pm para uma gama de valores SNR, em que 6 SUs com diferentes condições (ganho e ruído) trabalham individualmente na deteção do sinalPU. Como mostrado na tabela 3.

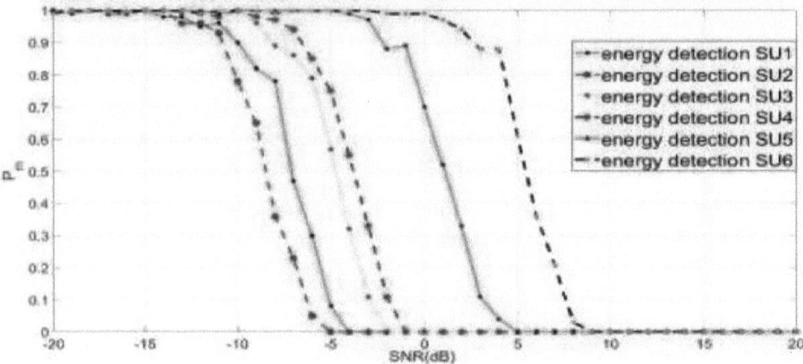

Figura 4.12: P_m para 6 SUs individuais vs. SNR para ED

A Figura 4.13 descreve a relação entre Pm e SNR, para as duas regras de fushion OR-Cooperative e AND-Cooperative, e também NonCooperative para o caso ED plotado com elas. O pior caso é o terceiro, que atinge 0 a -2 dB. O melhor é o caso OR-Cooperative, que atinge 0 a -6dB.

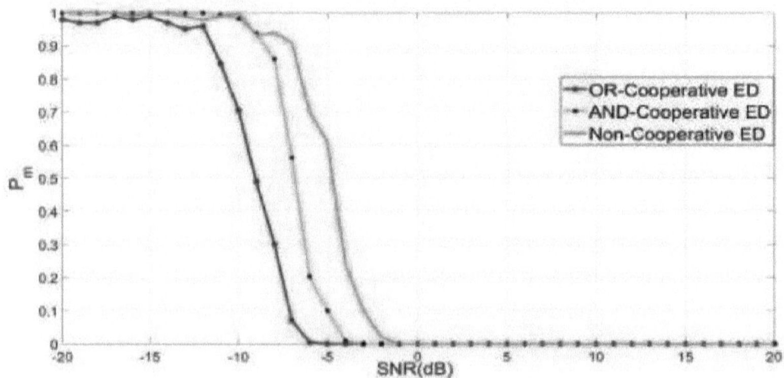

Figura 4.13: P_m (OR-Cooperativo, AND-Cooperativo, Não-Cooperativo) vs. SNR para ED

Os valores resumidos são ilustrados na Tabela 4.5. Observa-se que o valor de Pm é alto (cerca de 0,98) em um valor pequeno de SNR até -20dB, e 1 em SNR igual -5 dB a 20 dB. Enquanto no AND-Cooperative, vê-se que o valor de Pm é muito alto (cerca de 1)

em SNR até -20dB e chegou ao valor 0 em SNR igual -4 dB a 20 dB. enquanto no não-cooperativo vê-se que o valor de Pm é alto (cerca de 0,99) em um pequeno valor de SNR até -20dB, e menos para ser 0 em SNR igual -2 dB a 20 dB.

Tabela4. 4.5: P_m (OR-Cooperativo, AND-Cooperativo e Não Cooperativo) e SNR para ED

SNR	OU-Cooperativa	E- Cooperativa	Não Cooperativa
-20	0.98	1	1
-19	0.9702	1	1
-18	0.970299	1	1
-17	0.99	1	1
-16	0.9801	1	0^9
-15	0.99	1	1
-14	0.97	1	1
-13	0.950697	0.9997	0^9
-12	0.9604	1	0.98
-11	0.8468064	0.996	0^9
-10	0.70514136	0.9832	1
-9	0.48972058	0.9373	0.93
-8	0.30095604	0.86	0.94
-7	0.0715806	0.5626	0.91
-6	0.004198319	0.2032	0.7
-5	0	0.1	0.61
-4	0	0.01	0.24
-3	0	0	0.1
-2	0	0	0.02
-1-20	0	0	0

4.3.1.3 Probabilidade de falso alarme para o detetor de energia cooperativo

A Figura 4. 14 ilustra a relação entre Pf e SNR utilizando 6 SUs com diferentes condições ambientais (ganho, ruído). Como mostra a tabela 3.

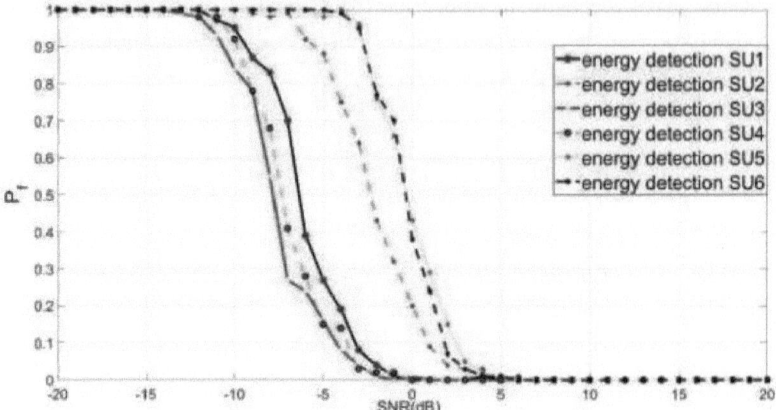

Figura 4.14: Pf para 6 SUs individuais vs. SNR para ED

A Figura 4.15 descreve a relação entre Pf e SNR, após a aplicação da regra de fusão (OR e AND). O melhor caso é o caso OR, que atinge 0 dB a -3dB. Enquanto os outros dois casos são ligeiramente mais semelhantes.

Os valores de (OR-Cooperative, AND-Cooperative, NonCooperative) para ED estão resumidos na Tabela 4.6.

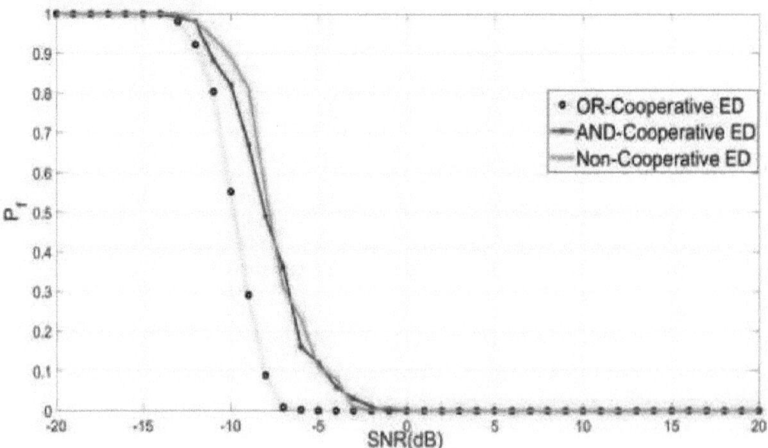

Figura 4.15: Pf (OR-Cooperativo, AND-Cooperativo e Não-Cooperativo) vs. SNR para ED

4.3.2 Resultados da simulação para a deteção cooperativa de filtros emparelhados

Esta secção analisará os resultados do algoritmo MFD cooperativo utilizando o nível AT, como se pode ver na Figura 3.3. Também são utilizadas 6 SUs pela mesma razão mencionada anteriormente e apresentam-se os resultados separadamente para (Pd, Pm,

P_f). Verifica-se que o resultado do MFD cooperativo é melhor do que o do MFD simples, uma vez que é utilizado mais um detetor para verificar o canal.

Tabela 4.6: P_f (OR-Cooperativo, AND-Cooperativo, Não-Cooperativo) e SNR para ED

SNR	OU- Cooperativa	E- Cooperativa	Não cooperativo
-20--14-	1	1	1
-13	0.9801	0.9908	1
-12	0.92227212	0.9806	0.98
-11	0.80254944	0.8824	0.94
-10	0.55121794	0.82	0.89
-9	0.2908872	0.67	0.81
-8	0.08933925	0.49	0.55
-7	0.008507268	0.36	031
-6	0.0021703168	0.16	0.23
-5	0.000145064304	0.12	0.11
-4	1.7335296	0.06	0.08
-3	0	0.03	0.01
-2	0	0.01	0
-1	0	0	0.01
0-20	0	1	0

4.3.2.1 Probabilidade de deteção para a correspondência cooperativa

Deteção de filtros

A Figura 4.16 ilustra a relação entre Pd e SNR utilizando 6 SUs com várias condições ambientais (ganho, ruído). Como mostra a tabela 7.

Tabela 4.7: Condição no ambiente para 6 SUs usando ruído de passos (-20 - 20)

Utilizador secundário	Novamente a não-natalidade
Sul	ON
Su2	03
Su3	0.8
Su4	0.5
Su5	0.9
Su6	1

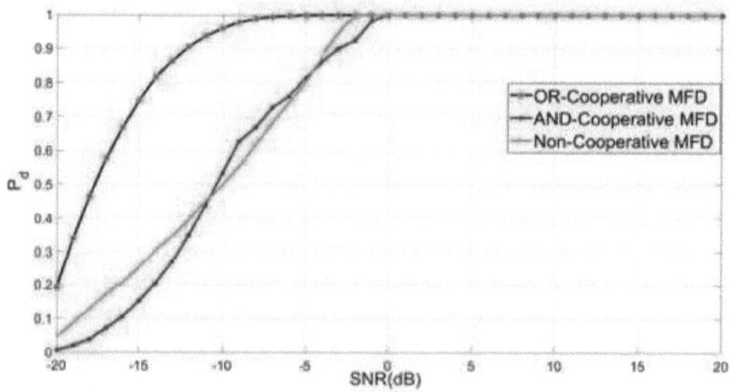

Figura 4.16: Pd para 6 SUs individuais vs. SNR para MFD

A Figura 4.17 mostra a relação entre Pd e SNR quando se utilizam as duas regras de fusão (OR-Cooperative, AND-Cooperative). Também é apresentado o caso MFD. Verifica-se que o OR-Cooperative é o melhor, onde o valor de Pd é (0,19) a -20dB e aumenta para 1 a SNR igual -5 dB a 20 dB.

Enquanto no AND-Cooperative, verifica-se que o valor de Pd é muito pequeno (0,005) a um valor pequeno de SNR até -20dB, e aumenta para 1 a SNR igual a 0 dB a 20 dB.

Nos resultados do caso não cooperativo, verifica-se que o valor de Pd é pequeno (0,045) a um valor pequeno de SNR até -20dB, e aumenta para 1 a SNR igual a -2 dB a 20 dB.

Os valores dos casos OR-Cooperative, AND-Cooperative e NonCooperative estão resumidos na Tabela 4.8.

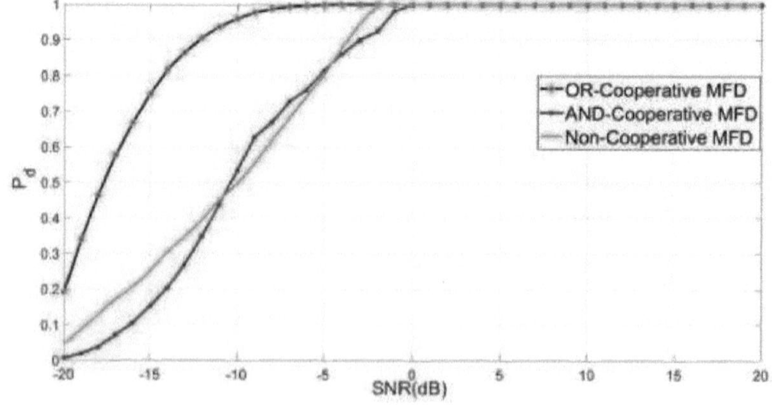

Figura 4.17: Pd (OR-Cooperativo, AND-Cooperativo, Não-Cooperativo

MFD) vs. SNR para MFD

Tabela 4.8: Pd (OR-Cooperativo, AND-Cooperativo, Não-Cooperativo) e SNR para MFD

SNR	OU- Cooperativa	E- Cooperativa	Não Cooperativa
-20	0.191517	0.005376	0.045
-19	0.339672	0.018887	0.086
-18	0.462811	0.037752	0.128
-17	0.576826	0.0714	0.172
-16	0.667771	0.105462	0.207
-15	0.747588	0.15264	0.251
-14	0.816109	0.204288	0.305
-13	0.863957	0.267804	0.347
-12	0.904998	0.349325	0.395
-11	0.936993	0.438	0.449
-10	0.959762	0.532539	0.497
-9	0.978095	0.627	0.552
-8	0.988115	0.669	0.618
-7	0.994216	0.727	0.68
-6	0.997313	0.76	0.742
-5	1	0.815	0.802
-4	1	0.86	0.877
-3	1	0.9	0.946
-2	1	0.924	1
-1	1	0.983	1
0-20	1	1	1

4.3.2.2 Probabilidade de deteção de erros para detectores cooperativos de filtros emparelhados

A Figura 4.18 indica a relação entre Pm e SNR usando 6 SUs com diferentes condições ambientais (ganho, ruído), como mostra a tabela 7.

A Figura 4.19 descreve a relação entre Pm e SNR, para OR- Cooperativo, AND-Cooperativo e Não-Cooperativo. É evidente que o caso OR-Cooperativo é o melhor, enquanto os dois outros casos são praticamente iguais. Os valores (OR-Cooperativo, AND-Cooperativo e Não Cooperativo) para MFD estão resumidos na Tabela 4.9.

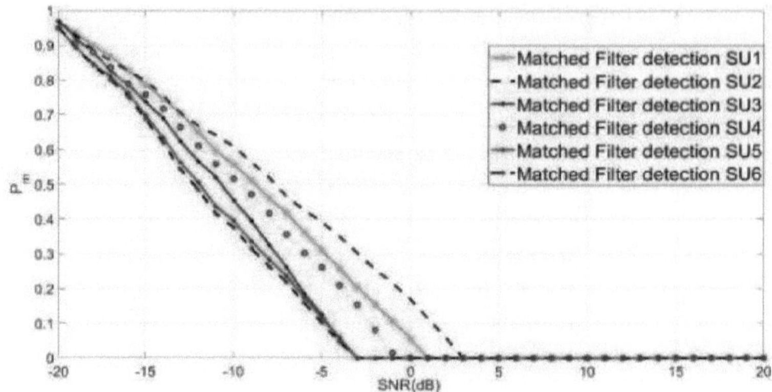

Figura 4.18: P_m para 6 SUs individuais vs. SNR para MFDs

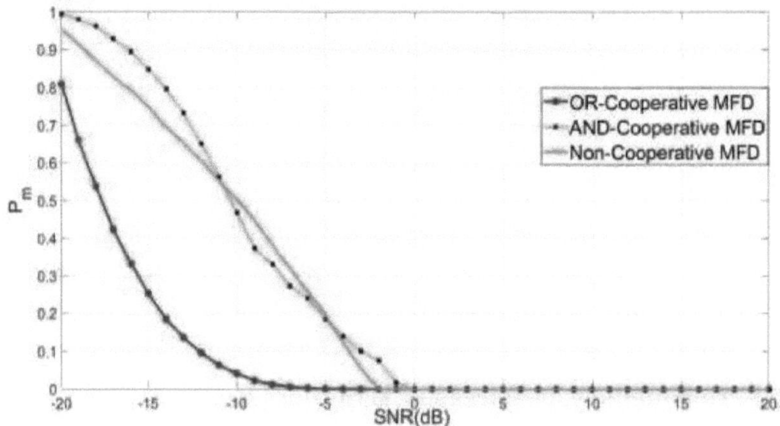

Figura 4.19: P_m (OR-Cooperativo, AND-Cooperativo, Não-Cooperativo) vs. SNR para MFDs

Tabela 4.9: P_m (OR-Cooperativo, AND-Cooperativo e Não Cooperativo) e SNR para MFDs

SNR	OU-Cooperativa	E- Cooperativa	Não Cooperativa
-20	0.808483	0.994624	0.956
-19	0.660328	0.981113	0.923
-18	0.537189	0.962248	0.881
-17	0.423174	0.9286	0.841
-16	0.332229	0.894538	0.815
-15	0.252412	0.84736	0.766
-14	0.183891	0.795712	0.7
-13	0.136043	0.732196	0.662
-12	0.095002	0.650675	0.615

-11	0.063007	0.562	0.572
-10	0.040238	0.467461	0.516
-9	0.021905	0.373	0.478
-8	0.011885	0.331	0.424
-7	0.005784	0.273	0.375
-6	0.002687	0.24	0.3140
-5	0	0.185	0.271
-4	0	0.14	0.201
-3	0	0.1	0.136
-2	0	0.076	0
-1	0	0.017	0
0-20	0	0	0

4.3.2.3 Probabilidade de falso alarme para detectores cooperativos de filtros emparelhados

A Figura 4.20 ilustra a relação entre Pm e SNR utilizando 6 SUs individualmente com diferentes condições ambientais (ganho, ruído).

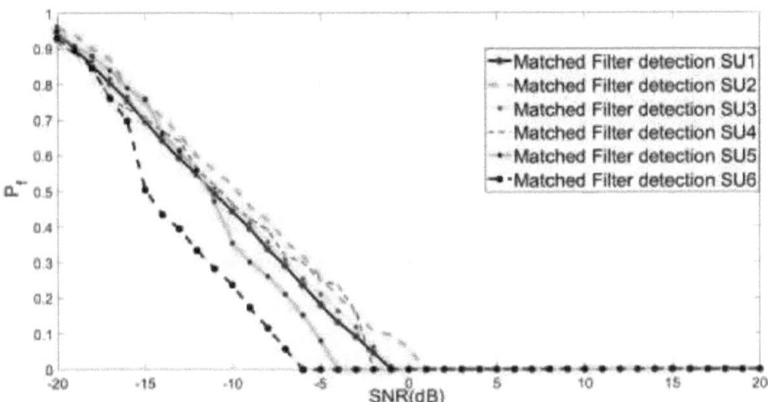

Figura 4.20: P_f para 6 SUs individuais vs. SNR para MFDs

A Figura 4.21 indica a relação entre Pf e SNR, para (OR, AND e MFD não cooperativo). Aqui também o melhor é o caso OR e os outros dois casos são praticamente iguais.

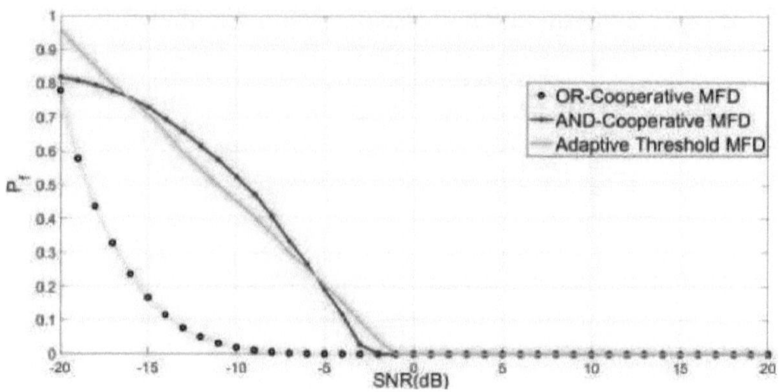

Figura 4.21: Pf (OR-Cooperativo, AND-Cooperativo, Não-Cooperativo) vs. SNR para MFD

Os valores (OR-Cooperativo, AND-Cooperativo, Não-Cooperativo) estão resumidos na Tabela 4.10.

Tabela 4. 4.10: Pf (OR-Cooperativo, AND-Cooperativo, Não-Cooperativo) e SNR para MFDs

SNR	OU- Cooperativa	E- Cooperativa	Não Cooperativa
-20	0.778626	0.994624	0.94
-19	0.578038	0.981113	0.887
-18	0.435889	0.962248	0.839
-17	0.327209	0.9286	0.796
-16	0.235948	0.894538	0.75
-15	0.166959	0.84736	0.704
-14	0.115614	0.795712	0.648
-13	0.076924	0.732196	0.607
-12	0.05063	0.650675	0.55
-11	0.031206	0.562	0.508
-10	0.018598	0.467461	0.457
-9	0.010696	0.373	0.405
-8	0.003507	0.331	0.356
-7	0.000139	0.273	0.312
-6	0	0.24	0.259
-5	0	0.185	0.2
-4	0	0.14	0.148
-3	0	0.1	0.091
-2	0	0	0.034
-1- 20	0	0	0

4.3.3 Resultados da simulação do filtro combinado emparelhado Detectores e Detectores de Energia

Esta secção apresenta os resultados do algoritmo combinado de EDs e MFDs utilizando um sistema não cooperativo, como mostra a figura 3.5.

Este caso é melhor do que o algoritmo cooperativo ED da figura 3.3 e o algoritmo cooperativo de deteção de filtros combinados MFD da figura 3.4, porque cada SU detecta o canal utilizando a técnica ED e a técnica MFD, um resultado de cada SU enviado para o centro de fusão e aplicando a regra de fusão OR ou a regra de fusão AND. Depois disso, é decidido se a PU está presente ou não.

4.3.3.1 Probabilidade de deteção para detectores cooperativos combinados de filtros emparelhados e detectores de energia

A Figura 4.22 mostra a relação entre Pd e SNR, os resultados representam as duas regras; (regra OR-Cooperativa para ED e MFD combinadas) e (regra AND-Cooperativa para ED e MFD combinadas). A mesma figura representa também a MFD não cooperativa e a ED não cooperativa.

Note-se que a combinação de MFD e ED utilizando OR-Cooperative é a melhor. Porque o MFD e o ED detectam o mesmo espetro com diferentes condições ambientais (ganho e ruído). E se qualquer SU declarar que a PU está ausente, o canal pode ser considerado inativo. Observa-se que o valor de Pd é de 0,38 num valor pequeno de SNR até -20dB, e aumenta para 1 em SNR igual a -14 dB a 20 dB.

Enquanto que na combinação AND-Cooperative MFD e ED, verifica-se que o valor de Pd é de 0,105 a um valor pequeno de SNR até -20dB e aumenta para 1 a SNR igual -4 dB a 20 dB. Como o MFD e o ED detectam o mesmo espetro com diferentes condições ambientais (ganho e ruído) e deve ser que todos os USs declarem que a PU está ausente, então o canal pode ser considerado ocioso.

Para o caso não cooperativo de MFD, verifica-se que o valor de Pd é pequeno, 0,045, para um valor pequeno de SNR até -20 dB, e aumenta para 1 para SNR igual a -2 dB a 20 dB.

Enquanto nos resultados não cooperativos para ED no algoritmo ED, verifica-se que o valor de Pd é muito pequeno 0,0001 num valor pequeno de SNR até - 17 dB, e aumenta para ser 1 em SNR igual -1 dB a 20 dB.

Os valores para todos os casos (OR-Cooperative MFD & ED, AND- Cooperative MFD & ED, Non-Cooperative MFD, e Non-Cooperative ED) estão resumidos na Tabela 4.11.

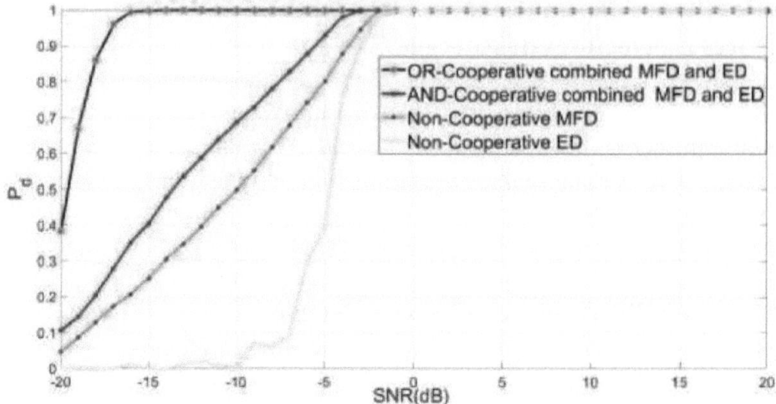

Figura 4.22: Pd (MFD e ED cooperativos, MFD
e ED cooperativos
, MFD não cooperativos e ED não cooperativos) vs. SNR para
MFD e ED combinados

Tabela 4.11: Pd (MFD e ED cooperativos OU, MFD e ED cooperativos E, MFD não
cooperativos e ED não cooperativos) com diferentes valores de SNR

SNR	OU-Cooperativa	E- Cooperativa	MFD não cooperativa	ED não cooperativa
-20	0.381802	0.105717	0.045	0
-19	0.668396	0.142106	0.086	0
-18	0.860125	0.203459	0.128	0
-17	0.959578	0.27864	0.172	0.01
-16	0.99502	0.35088	0.207	0.01
-15	0.998203	0.40492	0.251	0
-14	1	0.476	0.305	0
-13	1	0.536	0.347	0.013
-12	1	0.588	0.395	0.021
-11	1	0.64	0.449	0.012
-10	1	0.687	0.497	0.001
-9	1	0.73	0.552	0.072
-8	1	0.781	0.618	0.061
-7	1	0.829	0.68	0.092
-6	1	0.878	0.742	0.33
-5	1	0.93	0.802	0.39
-4	1	0.981	0.877	0/76
-3	1	1	0.946	0.9
-2	1	1	1	0.98

| -1-20 | 1 | 1 | 1 | 1 |

4.3.3.2 Probabilidade de deteção de erros para detectores de filtros combinados cooperativos e detectores de energia

A Figura 4.23 mostra a relação entre Pd e SNR, os resultados representam todos os casos (OR-Cooperativo para combinar MFD e ED), (AND- Cooperativo para combinar MFD e ED) e (MFD não cooperativo) e (ED não cooperativo).

Verifica-se que a utilização da regra OR-Cooperative para combinar MFD e ED é a melhor entre outros tipos. Embora possamos considerar a regra AND-Cooperative para combinar MFD e ED também é aceitável. Os dois últimos casos são MFD não cooperativo e ED não cooperativo.

Os valores (OR-Cooperative, AND-Cooperative, Non-Cooperative MFD, Non-Cooperative ED) estão resumidos na Tabela 4.13.

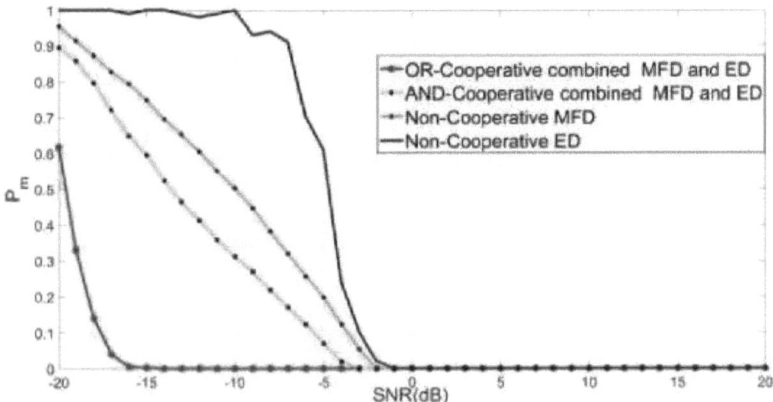

Figura 4.23: P_m (OR-Cooperative combined MFD and ED, AND- Cooperative combined MFD and ED, Non-Cooperative MFD and NonCooperative ED) vs. SNR para MFD e ED combinados

Tabela 4.12: P_m (OR-Cooperative MFD & ED, AND-Cooperative MFD & ED, Non-Cooperative para MFD e Non-Cooperative para ED) e SNR

SNR	OU-Cooperativa	E- Cooperativa	MFD não cooperativa	ED não cooperativa
-20	0.618198	0.894283	0.955	1
-19	0.331604	0.857894	0.914	1
-18	0.139875	0.796541	0.872	1
-17	0.040422	0.72136	0.828	1
-16	0.00498	0.64912	0.793	0.99
-15	0	0.59508	0.749	1
-14	0	0.524	0.695	1
-13	0	0.464	0.653	0.99
-12	0	0.412	0.605	0.98

-11	0	0.36	0.551	0^>9
-10	0	0.313	0.503	1
-9	0	0.27	0.448	0.93
-8	0	0.219	0.382	0.94
-7	0	0.171	0.32	0.91
-6	0	0.122	0.258	0.7
-5	0	0.07	0.198	0.61
-4	0	0.019	0.123	0.24
-3	0	0	0.054	0.1
-2	0	0	0	0.02
-1-20	0	0	0	0

4.3.3.3 Probabilidade de falso alarme para detectores cooperativos combinados de filtro combinado e detectores de energia

A Figura 4.24 mostra a relação entre Pd e SNR, o resultado para

1- Regra OR-Cooperative para MFD e ED combinados
2- Regra AND-Cooperative para combinar MFD e ED
3- Não cooperativo para MFD e
4- Não cooperante para ED.

Os melhores casos destes quatro casos são a regra OR-Cooperativa, depois a regra AND-Cooperativa e, finalmente, os casos MFD Não Cooperativa e ED Não Cooperativa. Estes casos estão resumidos na Tabela 4.13.

Nos dois casos OR-Cooperative e AND-Cooperative, três MFDs e três EDs detectam o mesmo canal (PU) com diferentes condições ambientais (ganho, ruído). Verifica-se que o caso OR- Cooperativo

é o melhor, porque se algum detetor declarar que a PU está ausente, considera-se que o canal está inativo e pode ser utilizado pelo SU.

Relativamente ao AT para MFD e ED, a figura mostra que o ED é pior do que o MFD com um ruído muito elevado. Mas após algum aumento no valor do ruído (superior a -7dB), o ED será melhor. E estas são as principais características do ED.

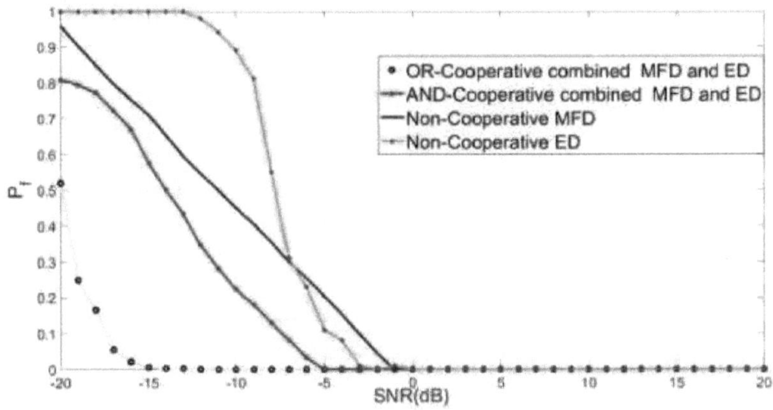

Figura 4.24: *Pf* (OR-Cooperative combined MFD and ED, AND- Cooperative combined MFD and ED, Non-Cooperative MFD and NonCooperative ED) vs. SNR para MFD e ED combinados

Tabela 4.13: *Pf* (OR-Cooperative combined MFD and ED, AND- Cooperative combined MFD and ED, Non-Cooperative MFD and NonCooperative ED) e SNR

SNR	OU- Cooperativa	E- Cooperativa	MDF não cooperativo	ED não cooperativa
-20	0.518876	0.808164	0.958	1
-19	0.249435	0.794088	0.903	1
-18	0.165551	0.772133	0.85	1
-17	0.054284	0.7234	0.797	1
-16	0.021009	0.670326	0.753	1
-15	0.005802	0.57592	0.71	1
-14	0.002983	0.499574	0.654	1
-13	0.002742	0.432947	0.595	1
-12	0.000517	0.346107	0.546	0.98
-11	0	0.2808	0.498	0.94
-10	0	0.223	0.451	0.89
-9	0	0.18	0.405	0.81
-8	0	0.129	0.355	0.55
-7	0	0.081	0.3	0.31
-6	0	0.032	0.255	0.23
-5	0	0	0.204	0.11
-4	0	0	0.153	0.08
-3	0	0	0.098	0.01
-2	0	0	0.043	0
-1	0	0	0	0.01
0-20	0	0	0	0

4.4 Comparação (Cooperativa para ED, Cooperativa para MFD, Cooperativa combinada MFD e ED)

Figure 25   5 mostra a relação entre Pd e SNR, para (OR- Cooperative ED), (OR-Cooperative MFD) e (OR-Cooperative combined MFD and ED).

O melhor caso é (OR-Cooperative MFD e ED), em que Pd passa a ser 1 a SNR= -16 dB, porque utiliza o benefício dos dois tipos diferentes de detectores. O segundo é o OR-Cooperative MFD, no valor SNR= -6dB o Pd torna-se 1, porque o detetor MFD é melhor do que o ED em ruído elevado. O último é o OR-Cooperative ED.

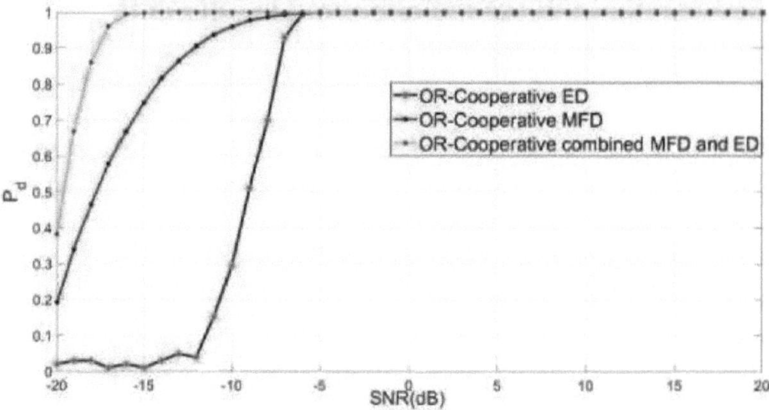

Figura 4.25: P_d (ED cooperativa OR, MFD cooperativa OR, MFD e ED combinadas OR- cooperativa) vs. SNR

Figure 26   6 mostra a relação entre Pd e SNR, apresentando o resultado AND-Cooperative ED, AND-Cooperative MFD, AND-Cooperative combinado MFD, e ED.

O melhor caso é a combinação AND-Cooperative de MFD e ED, porque utiliza as vantagens dos dois tipos diferentes de detectores. Verifica-se que quando a SNR = -20dB a -7dB, o AND-Cooperative MFD é melhor, porque o MFD não é afetado por ruído elevado como o ED. Mas quando a SNR é aumentada, o ED cooperativo torna-se melhor do que o MFD.

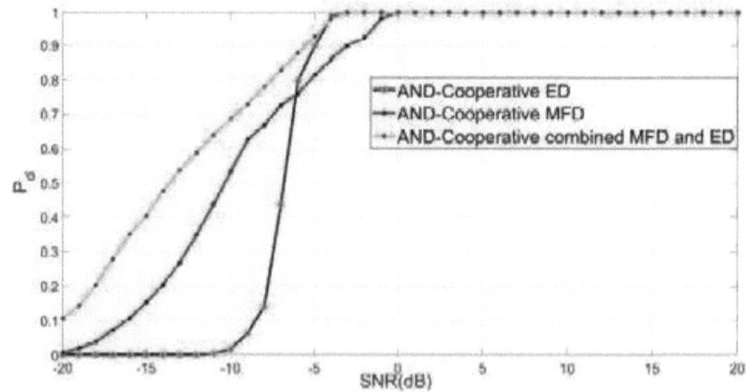

Figura 4.26: P_d (AND-Cooperativo ED, AND-Cooperativo combinado MFD, AND-Cooperativo combinado MFD e ED) vs. SNR

A Figura 4.27 mostra a relação entre Pm e SNR, apresentando o resultado OR-Cooperative ED, OR-Cooperative MFD, OR-Cooperative combinado MFD, e ED.

Os melhores casos são a regra MFD e ED combinadas OU-Cooperativa. A regra é depois a regra MFD OU-Cooperativa e, finalmente, a regra ED OU-Cooperativa

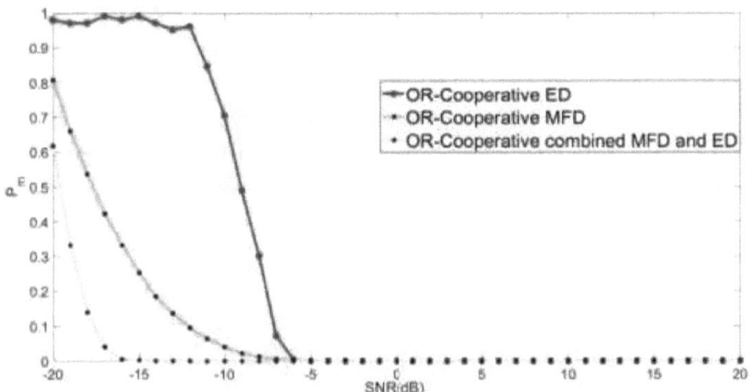

Figura 2.27: P_m (OR-Cooperative ED, OR-Cooperative MFD, OR- Cooperative combined MFD and ED) vs. SNR

Figure 27   8 mostra a relação entre Pm e SNR, apresentando o resultado AND-Cooperative ED, AND-Cooperative MFD, AND-Cooperative combinado MFD, e ED.

Os melhores casos são a combinação AND-Cooperative MFD e ED. Verifica-se que quando a SNR = -20 dB a -7dB, o MFD AND-Cooperative é melhor, e na SNR = -6 o ED AND-Cooperative torna-se o melhor.

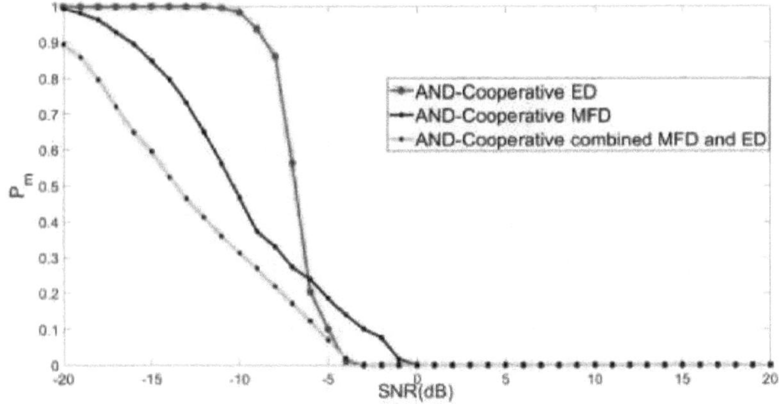

Figura 4.28: P_m (AND-Cooperative ED, AND-Cooperative MFD, AND- Cooperative combined MFD and ED) vs. SNR

Figure 28   9 mostra a relação entre Pf e SNR, apresentando o resultado OR-

Cooperative ED, OR-Cooperative MFD, OR-Cooperative combinado MFD, e ED.
O melhor caso é o OR-Cooperative MFD e ED, a SNR=-15 dB atinge 0. Depois o OR-Cooperative MFD, a SNR=-7 dB atinge 0. Finalmente, o caso OR-Cooperative ED a SNR=-7 dB atinge 0.

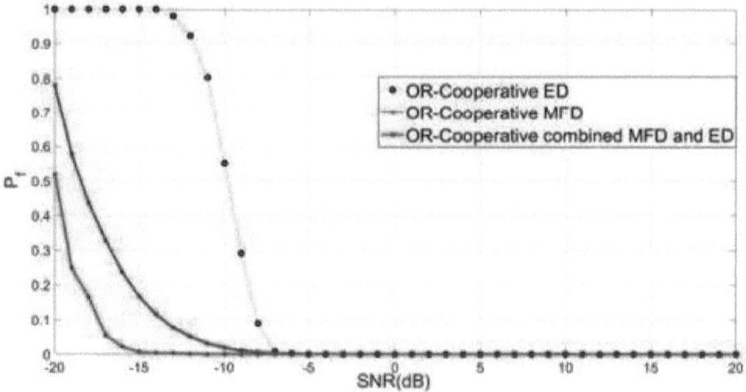

A Figura 4.29: Pf(OR-Cooperative ED, OR-Cooperative MFD, OR- Cooperative combined MFD and ED) vs. SNR0 mostra a relação entre Pf e SNR para AND-Cooperative ED, AND-Cooperative MFD, AND-Cooperative combined MFD and ED. O melhor caso é a combinação AND-Cooperative de MFD e ED. Porque utiliza as vantagens dos dois tipos de detectores. O segundo caso é o AND-Cooperative MFD em condições de ruído elevado. Por fim, o AND-Cooperative ED é melhorado em relação ao MFD em SNR elevado.

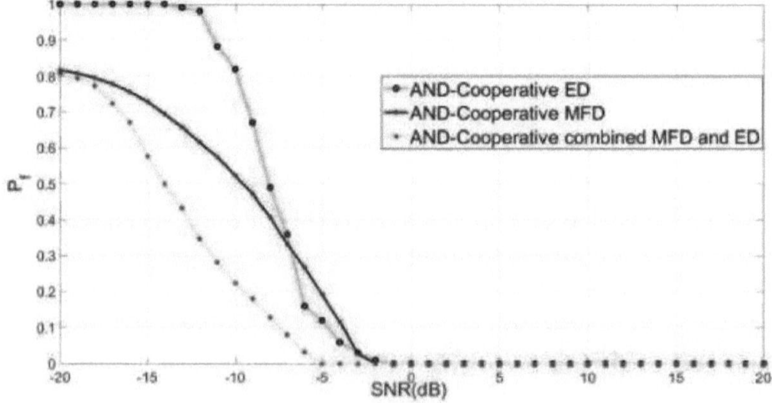

Figura 4.30: Pf(AND-Cooperative ED, AND-Cooperative MFD, AND- Cooperative combined MFD and ED) vs. SNR

Conclusões e trabalho futuro

Capítulo 5
Conclusões e trabalho futuro

5.1 Conclusão

Este livro trata de dois problemas importantes que se colocam à deteção do espetro e oferece soluções para esses problemas.

O primeiro problema é a dificuldade no processo de deteção devido à falta de valor de ruído na deteção de espetro em banda estreita. Os detectores já utilizados neste tipo de banda são: Detetor de Energia, Detetor de Filtro Correspondente.

A primeira solução proposta inclui o desenvolvimento de um algoritmo para o nível de limiar adaptativo. O algoritmo é testado utilizando três critérios para medir a precisão da deteção do espetro, que são: (probabilidade de deteção Pd, probabilidade de deteção falhada Pm, probabilidade de falso alarme Pf).

No caso da deteção de energia, o valor de Pd é 0,01 em SNR igual a -17dB e aumentou para atingir 1 em SNR de -1 dB. O valor de Pm é de 0,99 a uma SNR igual a -17dB e aumentou para ser 1 a uma SNR de -1dB. O valor de Pf é 0,9 a -9dB SNR e diminuiu para 0 a 1dB SNR

No caso da deteção por filtro combinado, o valor de Pd a -20dB SNR é 0,045 e aumenta para 1 quando a SNR é -1dB. O valor de Pm é 0,956 a uma SNR igual a -20dB e diminui para 0 a uma SNR de -1dB. Enquanto o valor de Pf é 0,94 em SNR igual a -20dB e em 1dB SNR Pf torna-se 0.

O segundo problema importante é que a PU é invisível para todos os SUs.

A solução proposta para este problema é a utilização de detectores cooperativos em vez de um único detetor. Onde é proposto um novo algoritmo:

1- Detectores de energia cooperativos.

2- Detectores cooperativos de filtros emparelhados.

3- Detectores de energia combinada e de filtro combinado.

A novidade nestes algoritmos é a utilização de um limiar adaptativo e a aplicação da regra de fusão OR ou da regra de fusão AND.

1- Deteção cooperativa de energia, para o caso OR:

1. O valor de Pd é 0,02 quando SNR -20dB e aumenta para 1 quando SNR -6 dB. Para o caso AND quando SNR -20dB, Pd é 0 e aumenta para 1 quando SNR -4dB.

2. O valor de Pm em SNR -20dB é 0,98 e desce para 0 em SNR -5dB. Para o caso AND, os valores são os mesmos.

3. O valor de Pf é 1 quando SNR -20dB e diminui para 0 quando SNR - 6dB. Para o caso AND quando SNR -20 dB, o valor Pf é 1 e diminui para 0 quando SNR -3 dB.

Os resultados mostram que as detecções de energia cooperativa são melhores do que a deteção de energia única.

2- Deteção cooperativa de filtros emparelhados para o caso OR:

1. O valor de Pd é de 0,19 quando a SNR é de -20 dB e aumenta para 1 quando a SNR é de -6 dB. Para o caso AND quando SNR -20dB, Pd é 0,005 e aumenta para 1 quando SNR -1dB.

2. O valor de Pm em SNR -20dB é 0,8 e desce para 0 em SNR -2dB. Para o caso AND quando SNR -20dB, Pm é 0,99 e diminui para 0 em SNR 0dB.

3. O valor de Pf em SNR a -20 dB é 0,77 e desce para 0 em SNR - 6dB. Para o caso E quando a SNR -20 dB é 0,99 e diminui para 0 na SNR a -3dB.

Os resultados mostram que a deteção cooperativa de filtros combinados é melhor do que a deteção de filtros combinados simples.

3- Combinação cooperativa para a deteção de filtros combinados e a deteção de energia, para o caso OR:

1. O valor de Pd quando a SNR -20 dB é 0,38 e aumenta para 1 quando a SNR é -14dB. Para o caso E, quando a SNR é de -20 dB, o valor de Pd é de 0,1 e aumenta para 1 quando a SNR é de -4 dB.

2. O valor de Pm quando a SNR -20 dB é 0,6 e desce para 0 quando a SNR é -14dB. Para o caso AND quando SNR -20 dB, o valor Pm é 0,89 e diminui para 0 quando SNR -4dB.

3. O valor de Pf quando SNR a -20dB é 0,51 e desce para 0 quando SNR -11dB. Para o caso AND quando a SNR é de -20dB, o valor de Pf é de 0,8 e desce para 0 quando a SNR é de -6dB.

Verifica-se que os resultados da deteção combinada do filtro combinado e da deteção de energia são melhores do que os dos outros dois casos.

5.2 Trabalho futuro

Esta secção menciona alguns trabalhos futuros, como se segue:

1. Utilizar outros tipos de canais e de ruído, por exemplo, (Rayleigh, Rician, Weibull, desvanecimento   , etc.).

2. Podem ser combinados outros tipos de técnicas de deteção do espetro.

3. Aplicação da técnica de deteção cooperativa do espetro para a transmissão em banda larga utilizando também o limiar adaptativo.

4. É construída uma estrutura de enquadramento e estudo para centro de fusão para deteção cooperativa do espetro.

5. Utilizar outro tipo de centro de fusão, como a regra de fusão por maioria.

Referências

Referências

[1] P. Rawata, K. D. Singhb e J. M. Bonninc, "Rádio Cognitivo para M2M e Internet das Coisas: A survey," Computer Communications, Vol. 94, pp. 1-29, 2016.

[2] B. Aziz, S. Traor'e, A. Nafkha, e D. L. Guennec, "Spectrum Sensing for Cognitive Radio using Multicoset Sampling," In 2014 IEEE Global Communications Conference, pp. 816-821, 2014.

[3] A. Almasoud, "Optimizing performance and energy efficiency ofgroup communication and internet of things in cognitive radio networks," Tese de doutoramento, Iowa State University, 2018.

[4] R. Yilmazel, N. Inane. "Otimização de canais usando técnicas de deteção de espetro em redes de rádio cognitivas". Uluslararasi Muhendislik Arastirma ve Geli§tirme Dergisi, Vol. 12. No. 2. pp. 693699, 2020.

[5] J. Eze, S. Zhang, E. Liu, e E. Eze, "Cognitive Radio-EnabledInternet of Vehicles: A Cooperative Spectrum Sensing and Allocation for Vehicular Communication," IET Networks, Vol. 7, No. 4, pp. 190- 199, 2018.

[6] M. A. Shah, S. Zhang e C. Maple, "Redes de rádio cognitivas para a Internet das coisas: Applications, Challenges and Future," In 2013 19th International Conference on Automation and Computing, pp. 1-6, 2013.

[7] A. Ranjan, Anurag e B. Singh, "Conceção e análise da deteção de espetro em rádio cognitivo com base na deteção de energia", em 2016
Conferência Internacional sobre Processamento de Sinais e Informação (IConSIP), pp. 1-5, 2016.

[8] A. Bagwari, S. Tuteja, J. Bagwari e A. Samarah, "Spectrum Sensing Techniques for Cognitive Radio: A Re-examination," In 2020 IEEE 9th International Conference on Communication Systems and Network Technologies (CSNT), pp. 93-96, 2020.

[9] C. Song, Y. D. Alemseged, H. N. Tran, G. Villardi, C. Sun, S. Filin e H. Harada, "Adaptive Two Thresholds Based Energy Detection for Cooperative Spectrum Sensing," In 2010 7th IEEE Consumer Communications and Networking Conference, pp. 1-6, 2010.

[10] S. Atapattu, C. Tellambura e H. Jiang, "Energy Detection Based Cooperative Spectrum Sensing in Cognitive Radio Networks," IEEE Transactions on Wireless Communications, Vol. 10, No. 4, pp. 12321241, 2011.

[11] M. S. Hossain, M. I. Abdullah e M. A. Hossain, "Energy Detection Performance of Spectrum Sensing in Cognitive Radio," IJ Information Technology and Computer Science, Vol. 11, pp. 11-17, 2012.

[12] D. Riviello, R. Garello, S. Benco, F. Crespi, e A. Perotti, "Sensing of DVB-T Signals for White Space Cognitive Radio Systems," In The third international conference on advances in cognitive radio, pp. 12-17, 2013.

[13] M. Sarker, "Deteção de espetro baseada em detetor de energia por limiar adaptativo para SNR baixo em redes CR", em 2015 24th Wireless and Optical Communication Conference (WOCC), pp. 118-122, 2015.

[14] A. Surampudi, K. Kalimuthu, "An Adaptive Decision Threshold Scheme for the

Matched Filter Method of Spectrum Sensing in Cognitive Radio Using Artificial Neural Networks," In 2016 1st India International Conference on Information Processing (IICIP), pp. 1-5, 2016.

[15]   Y. Fu, F. Yang e Z. He, "Um esquema de fusão de dados multibit baseado em quantização para deteção cooperativa de espetro em redes de rádio cognitivas", Sensores, Vl. 18, No. 2, pp. 473-487, 2018.

[16]   S. Dannana, B. P. Chapa e G. S. Rao, "Spectrum Sensing Using Matched Filter Detection," In Intelligent Engineering Informatics, Springer, Singapura, pp. 497-503, 2018.

[17]   Y. Arjoune, Z. El Mrabet, H. El Ghazi e A. Tamtaoui, "Deteção de espetro: Enhanced Energy Detection Technique Based on Noise Measurement," Em 2018 IEEE 8th Annual Computing and Communication Workshop and Conference (CCWC), pp. 828-834, 2018.

[18]   A. A. Kabeel, A. H. Hussein, A. A. Khalaf e H. F. Hamed, "A utilização de múltiplos elementos de antena para melhorar o desempenho da deteção de espetro com base em filtros combinados no sistema de rádio cognitivo", AEU-International Journal of Electronics and Communications, Vol. 107, pp. 98-109, 2019.

[19]   B. Sarala, S. R. Devi, e J. J. J. Sheela, "Spectrum Energy Detection in Cognitive Radio Networks Based on a Novel Adaptive Threshold Energy Detection Method," Computer Communications, Vol. 152, pp. 1-7, 2020.

[20]   P. K. Verma, S. Taluja, and R. L. Dua, "Performance analysis of Energy detection, Matched filter detection & Cyclostationary feature detection Spectrum Sensing Techniques," International Journal Of Computational Engineering Research, Vol. 2, No. 5, pp. 1296-1301, 2012.

[21]   M. R. Manesh, M. S. Apu, N. Kaabouch, e W. C. Hu, "Avaliação do desempenho de técnicas de deteção de espetro para sistemas de rádio cognitivos," In 2016 IEEE 7th Annual Ubiquitous Computing, Electronics & Mobile Communication Conference (UEMCON), pp. 1-7, 2016.

[22]   A. Ali, e W. Hamouda, "Advances on Spectrum Sensing for Cognitive Radio Networks: Theory and Applications," IEEE communications surveys & tutorials, Vol. 1, No. 2, pp. 1277-1304, 2016.

[23]   A. Razaq, M. Riaz, e A. Bilal, "Analysis of Spectrum Sensing Techniques in Cognitive Radio," Sci. Int.(Lahore), Vol. 29, No. 2, pp. 417-426, 2017.

[24]   D. Ruby, M. Vijayalakshmi e A. Kannan, "Seleção inteligente de retransmissores e técnicas de partilha de espetro para redes de rádio cognitivas", Cluster Computing, pp. 1-12, 2019.

[25]   L. Tao, H. Jianjun, e Y. Guangxin, "Cooperative Communication and Cognitive Radio (2)," ZTE Communications, Vol. 7, No. 2, pp. 6165, 2009.

[26]   T. M. Chiwewe, "Efficient Spectrum Use in Cognitive Radio Networks Using Dynamic Spectrum Management," Tese de doutoramento, Universidade de Pretória, 2016.

[27]   A. Abognah, "Cognitive Spectrum Management in TV White Space: Libya as a

Case Study", tese de mestrado, Universidade de Waterloo, 2014.

[28]   Y. C. Liang, "Dynamic Spectrum Management from Cognitive Radio to Blockchain and Artificial Intelligence", Springer Nature, pp. 166-346, 2020.

[29]   M. S. Hossain, M. I. Abdullah, e M. A. Hossain, "Energy Detection Performance of Spectrum Sensing in Cognitive Radio," IJ Information Technology and Computer Science, No. 11, pp. 11-17, 2012.

[30]   D. XU1, and Q. LI, "Resource Allocation in Cognitive Wireless Powered Communication Networks with Wirelessly Powered Secondary Users and Primary Users," Science China Information Sciences, Vol. 62, No. 2, pp. 29303-29306, 2019.

[31]   L. Claudino, and T. Abrao, "Spectrum Sensing Methods for Cognitive Radio Networks: A Review", Wireless Personal Communications, Vol. 95, No. 4, pp. 5003-5037, 2017.

[32]   T. Dhope, and D. Simunic, "Spectrum Sensing Algorithm for Cognitive Radio Networks for Dynamic Spectrum Access for IEEE 802.11 af Standard," International Journal of Research and Reviews in Wireless Sensor Networks (IJRRWSN), Vol. 2, No. 1, pp. 77-84, 2012.

[33]   A. Vashishtha, and C. Singh, "Performance Merit and Analysis of Dynamic-Double-Threshold Energy Detection Algorithm in Cognitive Radio System," IOSR Journal of Electronics and Communication Engineering (IOSR-JECE), Vol. 11, Issue 5, pp. 66-73, 2016.

[34]   M. Barkat, "Signal Detection and Estimation", Artech House, Inc, 2005.

[35]   A. Kumar, P. Thakur, S. Pandit e G. Singh, "Threshold Selection and Cooperation in Fading Environment of Cognitive Radio Network: Consequences on Spectrum Sensing and Throughput," AEU- International Journal of Electronics and Communications, Vol. 117, pp. 153101-153111, 2020.

[36]   Z. Quan, S. Cui, A. H. Sayed, e H. V., "Poor, Wideband Spectrum Sensing in Cognitive Radio Networks," In 2008 IEEE international conference on communications, pp. 901-906, 2008.

[37]   N. Y. M. Al Hussien, "Narrowband and Wideband Spectrum Sensing for Cognitive Radio Networks in a Log-Normal Shadowing Environment," Tese de Mestrado, Universidade dos Emirados Árabes Unidos, 2014.

[38]   Y. Arjoune, e N. Kaabouch, "A Comprehensive Survey on Spectrum Sensing in Cognitive Radio Networks: Recent Advances, New Challenges, and Future Research Directions", Sensors, Vol. 19, No. 1, pp. 126, 2019.

[39]   T. Li, J. Yuan e M. Torlak, "Network Throughput Optimization for Random Access Narrowband Cognitive Radio Internet of Things (NB-CR-IoT)", IEEE Internet of Things Journal, Vol. 5, No. 3, pp. 1436-1448, 2018.

[40]   N. Swetha, P. N. Sastry, Y. R. Rao, "Analysis of Spectrum Sensing Based on Energy Detection Method in Cognitive Radio Networks," In 2014 International Conference on IT Convergence and Security (ICITCS), pp. 1-4, 2014.

[41]   M. L. Berntez, and F. Casadevall, "Improved energy detection spectrum sensing for cognitive radio," IET Communications, Vol. 6, No. 8, pp. 785-796, 2012.

[42]   S.Atapattu , C.Tellambura ,H.Jiang," Energy detection for spectrum sensing in cognitive radio, "Springer, Vol. 6, 2014.

[43]   J. Liu, H. Li e B. Himed, "Performance Analysis of a Persymmetric Adaptive Matched Filter" (Análise de desempenho de um filtro adaptativo persimétrico combinado), In 2016 IEEE Sensor Array and Multichannel Signal Processing Workshop (SAM), pp. 1-5, 2016.

[44]   M. K. Raina, G. S. Aujla, "An Overview of Spectrum Sensing and its Techniques," IOSR Journal of Computer Engineering (IOSR-JCE), Vol. 16, No. 3, pp. 64-73, 2014.

[45]   B. Sarala, S. R. Devi, J. J. J. Sheela, "Spectrum Energy Detection in Cognitive Radio Networks Based on a Novel Adaptive Threshold Energy Detection Method", Computer Communications, Vol. 152, pp. 1-7, 2020.

[46]   A. VANI e D. Rakesh, "Implementation of Double Threshold Based Re-Sensing for Spectrum Energy Detection in Cognitive Radio", Journal of Engineering Science, Vol. 11, Issue 5, pp. 340-346, 2020.

[47]   F. Salahdine, H. El Ghazi, N. Kaabouch, e W. F. Fihri, "Matched Filter Detection with Dynamic Threshold for Cognitive Radio Networks," In 2015 international conference on wireless networks and mobile communications (WINCOM), pp. 1-6, 2015.

[48]   T. Mor, D. Arora, and T. Mehta, "Simulation of Probability of False Alarm and Probability of Detection Using Cyclo Stationary Detection Technique in Coginitive Radio", International Journal of Electronics & Communication Technology, Vol. 6, Issue 3, pp. 62-66, 2015.

[49]   S. C. Shinde, and A. N Jadhav, "Centralized Cooperative Spectrum Sensing with Energy Detecion in Cognitive Radio and Optimization," In 2016 IEEE International Conference on Recent Trends in Electronics, Information & Communication Technology (RTEICT), pp. 1002-1006, 2016.

[50]   M. S. Miah, K. M. Ahmed, M. K. Islam, M. A. R. Mahmud, M. M. Rahman e H. Yu, "Enhanced Sensing and Sum-Rate Analysis in a Cognitive Radio-Based Internet of Things," Sensors, Vol. 20, No. 9, pp. 2525-2540, 2020.

[51]   Y. Wang, S. Zhang, Y. Zhang, P. Wan, J. Li e N. Li, "Um método cooperativo de deteção do espetro baseado na decomposição do modo empírico e na geometria da informação em ambiente eletromagnético complexo", Complexity, 2019.

[52]   T. Joseph, "The Design and Implementation of Cooperative Spectrum Sensing Algorithm in Cognitive Networks," Tese de Mestrado, Universidade do Limpopo, 2018.

[53]   A. Vosoughi, J. R. Cavallaro e A. Marshall, "Trust-aware Consensus-inspired Distributed Cooperative Spectrum Sensing for Cognitive Radio Ad Hoc Networks", IEEE Transactions on Cognitive Communications and Networking, Vol. 2, No. 1, pp. 24-37, 2016.

[54]   Z. Mobini, M. Mohammadi, H. A. Suraweera, Z. Ding, "Full-duplex Multi-Antenna Relay Assisted Cooperative Non-Orthogonal Multiple Access," In

GLOBECOM 2017-2017 IEEE Global Communications Conference, pp. 1-7, 2017.

[55]   D. Teguig, B. Scheers e V. L. Nir, "Esquemas de fusão de dados para deteção cooperativa do espetro em redes de rádio cognitivas", em 2012
Conferência sobre Comunicações Militares e Sistemas de Informação (MCC), pp. 1-7, 2012.

[56]   M. M. Abdullahi, S. M. Sani, e M. B. Mu'azu, "Deteção cooperativa do espetro e determinação do limiar ótimo no sistema de rádio cognitivo," International Journal of Computer Applications, Vol. 122, No. 23, 2015.

[57]   S. K. Balam, P. Siddaiah e S. Nallagonda, "Análise de desempenho da rede de rádio cognitiva cooperativa assistida por fusão de dados/decisão sobre um canal de desvanecimento generalizado", IEEE Transactions on Aerospace and Electronic Systems, Vol. 55, No. 5, pp. 2269-2276, 2018.

[58]   S. Aneja, "Simulation of Cooperative Spectrum Sensing Using Cognative Radio," Bacharelato em Tecnologia, Instituto Nacional de Tecnologia, 2015.

[59]

Printed by Books on Demand GmbH, Norderstedt / Germany